新版

新幹線から経済が見える

小宮一慶

祥伝社黄金文庫

はじめに

２００８年暮れに、東海道新幹線開業当時から運行していた０系の新幹線車両が引退しました。たまたま最終運行の次の日に、大阪で毎日放送の情報番組「ちちんぷいぷい」に出ていた私は、特別にその日だけそのことを報道するために別の番組から「ちちんぷいぷい」に出演した鉄道マニアの馬野アナウンサーと、番組の中で大いに盛り上がりました。私も新幹線が大好きだからです。そして、０系の引退に関して、寂しさと感謝の気持ちを感じました。

私の秘書によれば、私は昨年（２００８年）に新幹線に、片道を１回として１０２回乗ったそうです（ちなみに、飛行機にも72回乗りました）。私は、地方への出張も多いため、新幹線なしでは仕事は成り立ちません。

この本は、２００３年に最初の版が出版されました。私にとっては大変お気に入りの本ですが、今回祥伝社さんのご厚意で文庫本として再発刊されることとなりました。大変うれしい気持ちでいっぱいです。現在の状況に合わせるためにかなり加筆修正してありますが、2003年当時の文章をそのまま残してあるものも、もちろんたくさんあります。2003年と現在（2009年）を対比していただけるようにしてありますが、結構、興味深いことがたくさんあることも分かります。文体も、読みやすくしました。

経営コンサルタントとして独立してもう14年になりますが、新幹線にはおそらく1000回以上乗ったと思います。そして、私も50歳を過ぎましたが、ときどき思うことは、最後に仕事で新幹線に乗るときはどんな気持ちで乗るのかなという気持ちになることです。その時までは、元気で精いっぱい頑張ることができれば本当にうれしいです。

初版出版当時に「はじめに」で書いた気持ちと、今の気持ちは変わりません。この本を読まれて、新幹線から見える私なりの経済や経営分析を楽しんでいただければこれ以上の喜びはありません。

本書の文庫化にあたり祥伝社の萩原貞臣さん、吉田浩行さんには大変お世話になりました。また、資料等のアップデートに、当社の三沢佑平君に手助けをしてもらいました。この場を借りてお礼を申し上げます。

2009年　夏

小宮一慶

（以下、初版当時〈2003年〉に書いた「はじめに」です。文体は少し変えてあります）

私がはじめて新幹線に乗ったのは、昭和40年でした。新幹線が開業して、2年目の年に、大阪から父に連れられて夏休みに東京の親戚を訪ねたときが最初でした。たしか、まだ、新大阪―東京間を4時間かけて走っていたと思います。小学校2年生の男の子として、車窓から見える電信柱があっという間にどんどん飛んでいくのを、今は亡くなった父と必死になって見ていたのを昨日のことのように覚えています。母が入れてくれたお茶の入った水筒を帽子掛けにかけて、そのお茶を時々飲みながらもあっという間に東京に着きました（ちなみに、この旅行では、大阪への帰りは、伯父が運転する車で１日がかりで帰りましたが、まだ当時は東名高速道路がなく、愛知県の小牧インターチェンジから名神高速道路に乗って帰って来たと記憶しています。そのときに、伯父が運転していた国産車の車種は忘れましたが、私が「１００キロだしてほしい」と頼んだのに対して、「90キロしか出ない」とガラガラの名神高速道路で残念そうに伯父が答えたのを今でも覚えています）。

小学生時代に新幹線に乗ったのはその一度だけでしたが、大阪に住んでいて新幹線に乗ったことのある子どもはその当時少なかったので、友だちの中では貴重な存在でした。その後は、中学生の時に家族で東京に行った時、中学校の修学旅行、高校の修学旅行で東海道新幹線を利用しました。しかし、新幹線利用はその当時はまだ費用が高く修学旅行には贅沢だったのでしょうか、東北地方へ行った高校の修学旅行では、帰りは夜行列車で大阪まで戻りました。寝台車ではなくボックスシートで朝まで東海道線を走りましたが、その間夜通しでトランプなどをして過ごしたのも今となっては良い思い出となっています。

　はじめてひとりで新幹線に乗ったのは大学4年生のときでした。就職活動を行うために、東京の企業や官庁を訪ねたり、名古屋のメーカーの見学をさせてもらったりしました。仲の良い友人たちと一緒の時もありましたが、ひとりで移動したことも何度かありました。紺のスーツに慣れないネクタイをして、新大阪からひとりで新幹線に乗ったときは、何か少し大人になったような気分と不安が入り交じった複雑な気持ちがしたものです。窓際の座席に座って新大阪駅をすべり出る列車が加速するあの加速感にも驚いたのを今でも新鮮に覚えています。

　就職してからは、より新幹線を利用するようになりました。そして、自分の人生のさまざまな場面が新幹線と重なり合います。生まれてはじめて親元から離れて銀行の名古屋支店に勤務になって大阪を離れるとき、その2年後に名古屋から転勤で先輩や同僚に見送られて東京に移るとき、大阪の妻の実家に生まれたばかりの息子や娘をはじめて見に行ったとき、私をかわいがってくれた祖母や父の危篤の知らせを受けて、取るものも取りあえず新幹線に飛び乗ったとき、その帰りの列車…、それぞれの自分の人生の節目に新幹線車内や駅の情景がそれに重なっています。希望、別れ、喜び、悲しみ、寂しさ、…。

そして、今、私は1年に最低でも東京を起点に70往復は新幹線に乗っています。経営コンサルタントを仕事としていますが、地方のお客さまを訪ねたり、講演や研修に行くためです。こういう生活をもう8年近く続けていますから、結構な回数新幹線に乗ったと思います。昨年の6月には、9日間続けて新幹線に乗ったこともありました。日帰りでの出張も結構あるし、泊まりのこともちろん少なくありませんが、飛行機よりも圧倒的に新幹線を利用する頻度が多いです。私の生活と新幹線とは切っても切り離せないもので、生活の一部と言ってもよいほどになっています。

新幹線の歴史を振りかえると、東海道新幹線が昭和39年10月1日に開業してから39年が経ちます。この秋には品川駅も開業しました。その間40億人近い人を無事故で運んだということです。時速200キロを超えて走行する高速鉄道がこれだけのことを行ってきたことは、日本にとっても誇るべきことです。そして、この新幹線が日本経済の発展に大いに寄与したことはだれの目にも明らかです。今では、最高速度300キロ近い新幹線網が全国に行き渡り、日本経済の根幹を支えているといっても過言ではありません。

新幹線プロジェクトは、旧日本軍で戦闘機を作っていた技術者たちなどが、その技術を平和に活かしたいという願いを込めて新幹線開発に文字どおり心血を注いで完成させたプロジェクトだったといいます。そのプロジェクトのために日本は世界銀行からの資金援助を受けました。その日本が今や世銀やＩＭＦ（国際通貨基金）の最大の出資国のひとつとなっています。新幹線網の発展と日本経済の発展は、正にパラレルであったと言えるでしょう。そして、私のような世代の人間にとっては自分の人生の過程と深く重なっています。

本書は、新幹線の車内や車窓から見えるさまざまなものを対象として、私なりにその事象を掘り下げていったものです。マクロ経済の話もあれば、経営の話もあります。ちょっとした物事や環境の変化を捉えてそれを自分なりに解釈し、その本質を捜すのが経営コンサルタントとしての私の仕事ですが、コンサルタントの「目」を通じた新幹線の話として楽しんで読んでいただければ幸いです。新幹線に関連して他の乗り物での気づいたことなども入っています。

この本は私が大分前から書きたいと思っていた本です。この本を書くには強力な助言者が必要でした。その助言者を本の構想を練っている段階から私はもう決めていました。旅行の専門家であり、かつ、私の満足いく編集をしてくれる人は日本には彼しかいないと思っていました。これまで何冊も私の本の編集をしてくれ、今回も本書作成にあたって非常に力強い手助けをしてくれた実業之日本社岩野裕一氏にこの場を借りて心から感謝申し上げます。

また、多くの調べものをしてくれた当社のリサーチャーの佐藤ちひろさんにも感謝申し上げます。

東海道新幹線品川駅の開業の年に

小宮一慶

新幹線から経済が見える　目次

第七章　新幹線のサービスから見えること　205

COLUMN

装幀　盛川和洋
本文中写真／毎日新聞社提供
南正時（55ページ）

第一章——

「新幹線」から見える日本経済

東海道・山陽新幹線デビューでJR品川駅を出発する「N700系のぞみ」（2007年7月1日）

新幹線品川駅開業が意味するもの

２００３年10月１日に東海道新幹線の品川駅が開業しました。これを機にＪＲ東海は１９６４年の開業以来最大といわれるダイヤ改正を行い、のぞみを１時間に最大７本にまで増発しました。それにより、首都圏と東海道新幹線、山陽新幹線沿線地域とのアクセスがこれまで以上に便利となりました。

また、それ以降、最新鋭のＮ７００系車両を投入し、スピードアップをしています。

新幹線品川駅は、輸送力増強をひとつの大きな目的として設立されました（新幹線品川駅開設には輸送力増強以外にもうひとつ大きな理由がありますが、それは後で説明します）。

品川駅開業でなぜ輸送力が増強されるかというと、これがなかなか面白いのです（鉄道オタクには興味深い話です）。実は、列車数の増発が可能となるからです。現在、新幹線はご存知のように複線で運転されていますが（単線なんてことはあり得ませんよね）、上り、下りそれぞれで1時間に運行できる最大列車数は15本です。ところが、東京―品川間には列車基地へ向かう引き込み線があり、そこから東京駅に入線する回送列車が1時間に4本あります。そうすると、東京駅で発着できる乗客を乗せた列車数は11本が限界となります。

ところが、品川駅を作ることにより一部列車を品川発着とすれば、東京駅の発着分（11本）に加えて、東京―品川間では回送列車が使っている分の最大あと4本の増発が品川駅発で可能となるのです。

実際には品川駅始発の列車は、2003年のダイヤ改正では登場しませんでした（今は、朝の早い電車で少しあります）。当面は、ダイヤの大幅な乱れや災害時にしか品川発は増発しない予定ですが、潜在的には1時間あたり最大4本の増発が可能となったのです（なぜ最大限まで増発しないかについては、後で触れます。これがなかなかまた、興味深いのです）。

余談になりますが、以前、静岡県の掛川に講演に行ったら、そこで知り合った人から「小宮さん、なぜ東海道新幹線に掛川駅ができたかを知っていますか?」と質問されました。私は、「掛川が便利になるからでしょう」と答えたら、その方が「もちろんそれもありますが、のぞみを走らせるためだったのです」と答えられました。

90年代初めにのぞみが登場しましたが、通常運行の最高速度時速270キロとスピードの速いのぞみを走らせるためには、前を行く旧型車両（０系〈新幹線が登場したときに出た車両〉や１００系〈二階部分がある車両〉、ともに通常運行の最高速度時速２２０キロ）のこだまやひかりをどこかで追い越す必要がありました。そのためには、静岡―浜松間にもうひとつ駅が必要だったということです（今は、０系、１００系ともに走っていませんから、この問題はありません）。

２００３年の品川駅開業にともなうダイヤ改正で、これまで１時間に最大３本だったのぞみが７本にまで増えました。また、それまで、16両の全席で予約が必要だったのぞみに自由席が３両分設置されました。それに合わせ、のぞみ料金も値下げとなりました（東京―新大阪間で、９７０円が３００円になる）。

これは、新幹線をよく利用する人には朗報でした。「ドッグイヤー（犬は人間の七倍の速度で年を取るところから人間の生活も忙しさを増している譬《たと》えとして用いられる）」といわれるほど忙しい日々を送る現代人にとって、新幹線の高速化がもたらす恩恵は小さくないからです（ひかりで３時間かかっていた東京―新大阪間が30分短縮されました）。

これも余談ですが、新幹線の品川駅はＪＲ東海の駅です。東海道新幹線はＪＲ東海が運営しているからです。東京駅はどうなっているのかと思われる方のために説明しておきますと、東海道新幹線の東京駅は、これもJR東海の駅です。それ以外の在来線、東北、上越、長野新幹線の駅は、JR東日本の駅です。だから、東京駅には、JR東海とJR東日本の駅長がひとりずついます。これも余談ですが、JR東日本の英文名は「JR　East」なのですが、JR東海は「JR　Central」です。

新幹線の高速化は幸せをもたらすか

今、新幹線の高速化が現代人に恩恵をもたらすと書きましたが、そのことに反発を持たれた読者の方もいらっしゃるかもしれませんね。「幸せ」は各人の主観の問題ですから。「余計に働かなければならなくなる」と考える方もいらっしゃるでしょうし、「そんなに急いでどこへ行く」と思われた方もいらっしゃるかもしれません。でも、私の答えは、「そんなに急いで家に帰る」のです。

今時、大阪に日中の会議や仕事で出張して、1泊する人はあまりいません。よほどのことがなければ日帰りするでしょう。会社も経費のことを考えれば日帰りを奨励します。私も講演などで結構地方に出張しますが（はじめにも述べたように、私は昨年新幹線に

102回、飛行機に72回ほど仕事で乗りました。これ以外にプライベートでも乗っています)、その日のうちに東京に帰り着けない場合を除き、ほぼ間違いなく日帰りをします。次の日の仕事のこともありますし、家に帰って家族と話をする時間も必要です。それに、家の方がどんなに良いホテルに泊まるよりもよく眠れることも大きいです。

ずいぶん前は、ひかりが多かったですから、ひかりで帰るのとのぞみで帰るのとでは新大阪―東京間で30分違いました。私は比較的早い時間に眠るほうなので、夜10時に家に帰り着くのと10時半に着くのとでは疲れ方やひいては次の日の仕事に少なからぬ違いが出ます。

早く帰れば、家族と話をしたり、本や新聞を読む、テレビを見る時間も少しはありま す。たまに新幹線に乗る方ならその30分はたいしたことではないでしょうが、多いときには週に何度も東京と地方を往復する生活をしている人間にとっては、その差は結構大きいです。のぞみが主流になって、移動の30分が節約されたことで、誇張ではないですが、私の人生には結構プラスのインパクトがあったと言えます。

以前は、のぞみの本数が限られているので時間帯によっては、大阪や名古屋からひかりを利用せざるをえない場合がありましたが、いまではのぞみ中心のダイヤとなっているので、私のような人間には大助かりなのです。

新幹線の時間短縮により、できることも増えました。例えば、以前、軽井沢にゴルフに行きました。長野新幹線ができる以前（長野新幹線は98年の長野オリンピックに合わせて開業しました）は、軽井沢には上野から2時間以上の時間がかかりました。

峠の釜飯で有名な横川で列車の切り離しを行い（その時間を利用して釜飯を売っていましたが、それはそれで結構情緒がありました）、峠を越えて軽井沢まで行くのはちょっとした大旅行気分でした。それが今では、新幹線で約1時間です。

このゴルフも、朝7時52分発の「あさま」に乗って軽井沢まで行って、帰りは偶然ですが夜の7時52分東京着の「あさま」で帰ってきました。朝、7時少し前に世田谷の家を出れば十分間に合い、軽井沢で夕食を摂って家に帰ったのが夜8時40分頃でした。ゴルフバッグも往復宅配便で送れば手軽で、新幹線の威力は大きいです。夏の終わりということもあり、軽井沢駅前のショッピングモールは多くの人でにぎわっていましたが、これも新幹線がもたらした時間短縮によるところが大きいと考えられます。

30分の節約が経済に及ぼす影響

新幹線での移動時間が30分短くなったということはどういうことを意味するのでしょう

か。少し、マクロ的に考えてみましょう。

現在、少なくとも1日約10万人の人が東海道新幹線を利用しています。そのうちの半分の5万人の人が以前より30分移動時間を短縮できたとすると、合計で1日2万5000時間の移動時間の節約となります。それが、1年間では、912万5000時間の節約となるのです（品川駅開設により、東京西部や神奈川東部の人たちは、新幹線乗車時間とともに、アクセスの向上でさらに、時間をセーブできるようになりました）。

その時間をどう使うかは、それぞれ人により違うでしょう。私のように早く家に帰りたい人は家での時間がその分増えます。仕事時間を増やす人もいるでしょうし、旅行先での滞在時間やおみやげを買う時間に充てる人もいるでしょう。

それぞれの時間に何をするかは個人の時間の使い方の優先順位によりますが、新幹線で過ごす30分間よりもおそらくそれぞれに有意義な時間を過ごすに違いありません。新幹線の中では、できることが限られているからです。自由になった30分間は、自分が好むことを行うことができますね。

マクロ経済的な効果を金銭で表すのは難しいですが、生産がその分増加したり、消費が増加する効果はあるでしょう。新幹線の中では、私のようなモノ書きは生産の時間ですが、ほとんどの人にとっては生産や仕事の時間ではありません。もちろん、仕事の準備をしたりパソコンでメールをチェックしている人も少なくありませんが、それでも実際の仕事の場ほどの生産性はないでしょう。

もっと顕著なのは消費です。車内で買えるものは、飲み物や食べ物がほとんどで、それほど高額の消費をする人は少ないでしょう。だから、新幹線で節約された個々人の30分間は、新幹線車内にいる時間よりも、精神的な満足度が高いとともに、生産、消費の両面においてより活動的な時間であるということができます。

ただ、余談ですが、個人的には私にとっては結構生産的な時間です。私の本業は経営コンサルタントで、モノ書きは本業ではありません。平日で書けるのは新幹線の中くらいです。あとは、休日（といってもそれほどありませんが）に家で書くくらいです。ですから、新幹線の中（先ほど触れたように、年に100回は乗っています）は、私のモノ書きには大変貴重な時間です（年に100回は乗っているということは、年に200時間くらいは新幹線の中で過ごしているということですね）。

ちなみに、2009年からN700系で無線LANが使えるようになったので、これには大変重宝しています。トンネルの中とかで、回線が切れなくなったからです（サクサク感は、私のＰＣのせいかもしれませんが、悪くはないのですが、それほどでもありません）。

飛行機vs新幹線

ここから少し、新幹線と飛行機を使うメリット・デメリットを考えてみましょう。

東京―大阪間を移動する場合に、新幹線を使う人と飛行機を使う人とでは、新幹線の方が多いと思います（新幹線と飛行機のみの比較でいうと、２０００年の数字で、東京―大阪間では、72％が新幹線、28％が飛行機です。２００５年では新幹線65％、飛行機35％で、飛行機がシャトル便導入もありシェアを伸ばしています）。しかし、東京―福岡間だと圧倒的に飛行機が多いでしょう。私の場合は、東京―大阪間は、以前はほぼ１００％新幹線を利用していましたが、今は６：４くらいで新幹線です。

ビジネスで、移動する場合に、重要なポイントは、速さ、正確さ、利便性です。それに眠れるなどの楽さもあります。仕事をできるかもあります。

東京―大阪間は新幹線だとのぞみで２時間半、飛行機なら約50分ですが、オフィスや自宅から行き先までのドア・トゥー・ドアで考えなければなりません。私の場合、通常は麴《こうじ》町《まち》のオフィスやお客さまの所が起点となります。

麴町のオフィスからだと、四ツ谷駅で電車に乗るまでが約10分、そこから中央線で東京駅までさらに約10分、乗り換えに最低5分。だからオフィスから30分あれば新幹線に乗れます（ただし、中央線のダイヤが乱れていないことが大前提です。四ツ谷駅で中央線のダイヤが乱れているというアナウンスを聞いた場合には、余裕のあるときは総武線各駅停車で秋葉原まで行き、京浜東北線か山手線で東京まで行きます。

余裕のないときには、運を天にまかせて駅前でタクシーに乗ります。運が良ければ十数分で東京駅に着きます。運が悪ければ、渋滞に巻き込まれる。麴町駅から地下鉄有楽町線で有楽町まで行き、ＪＲ山手線に乗り換えて東京駅に行くという行き方もありますが、ほぼ同じ時間です）。

大阪では、講演などはたいてい大阪駅前近くで行われることが多いですから、新大阪から電車やタクシーで、乗り換えも含めて15分から20分もあれば目的地に到着することができます。のぞみに乗っている時間を入れて、東京から目的地まで、締めて3時間20分くらいです。

一方、飛行機だと、麴町のオフィスから歩いて3分くらいのところにある麴町駅から有楽町まで行き、そこでJR山手線に乗り換え浜松町まで行きます。そして、浜松町からモノレールに乗って羽田空港まで行きます。オフィスから約1時間です。飛行機はチェックインが必要ですから出発30分前くらいには空港に着いていないと気が落ち着きません（ちなみに、飛行機の出発時間は乗客が乗り込んだ後、ドアを閉める時間をいうらしいです。念のため）。

大阪（伊丹空港）までのフライト時間は50分くらいですが、羽田空港が混んでいる朝などの時間帯では離陸までに15分以上かかることも珍しくないので、大阪まで1時間以上かかることもあります。伊丹空港でリムジンバスを待って、大阪駅近くまで来るのにバスの待ち時間を含めて約30分です。モノレールを蛍池《ほたるがいけ》駅まで乗って、阪急電車の急行に乗ってもほぼ同じです。ということは東京の麴町の私のオフィスから約3時間という計算になります。

理論的には新幹線より飛行機のほうが早いのですが、時間の信頼度という点では新幹線が勝ちます。また、万一乗り遅れた場合のことを考えると新幹線のほうがリカバリーしやすいように感じます（と言いながら、私は、ぎりぎりで飛び乗ることはよくありますが、新幹線や飛行機に乗り遅れたことは今までありません、意外と几帳面なのです）。

さらに、新幹線の中では結構原稿を書いたり眠ったりすることができますが、飛行機はなかなか難しいのです。離陸後10分間と着陸前約15分くらいは電子機器が使えないからパソコンを開けません。使える時間も東京―伊丹間だと20分程度です。眠っていると飲み物を配りに来る気配で目を覚まします。それにたいした時間でもないので眠った気になりません。

個人的には、東京からだと、岡山くらいまでは新幹線で行く気分です。広島はちょっと考えます。飛行機のほうが早いのですが、空港が広島市内から遠いからです（岡山空港も市内まで遠いです）。

その点、福岡は飛行機が断然便利です。空港の地下に地下鉄が乗り入れており、地下鉄に乗れば15分ほどで都心に出ることができます。福岡空港が移転するという噂を聞きましたが、私としては現在の場所が本当に便利だと思っています。また、大阪は新幹線で行くことが多いのですが、和歌山に行く場合は関西空港を利用して、そこから車などで行くことが多いです。そのほうが2時間ほど早いからです。

以前は、秋田にも仕事で数ヵ月に1回は行っていましたが、必ず飛行機でした。仙台で仕事があってそこから行ったこともありましたが、秋田新幹線で盛岡から先が在来線を走るため時間がかかります（東京からだと約4時間です）。飛行場から秋田市内まで小1時間かかりますが、東京からだとやはり飛行機のほうがずっと早いのです。

東海道新幹線と飛行機の勝負は興味深いです。N700系の投入で従来より5分早くなった新幹線ですが、飛行機には時間のメリットとともに料金も日によっては安い便もあり、いくつかの要因が重なり合って、どちらかが選ばれるということになります。次ページの表は私が考える新幹線と飛行機の優劣です。

先に述べたように、東京—大阪間では新幹線の利用が現在でも多いです。しかし、岡山や広島では、「どちらにしよう」と迷う人も多いと思います。以前、岡山県の広島県寄りの伊原というところに講演に行きましたが、東京からの行きは山陽新幹線の新倉敷経由、帰りは車で1時間ほどの岡山空港から飛行機で帰ってきました。

品川駅ができたことにより、飛行機からシフトした乗客もいると思いますが、品川駅開

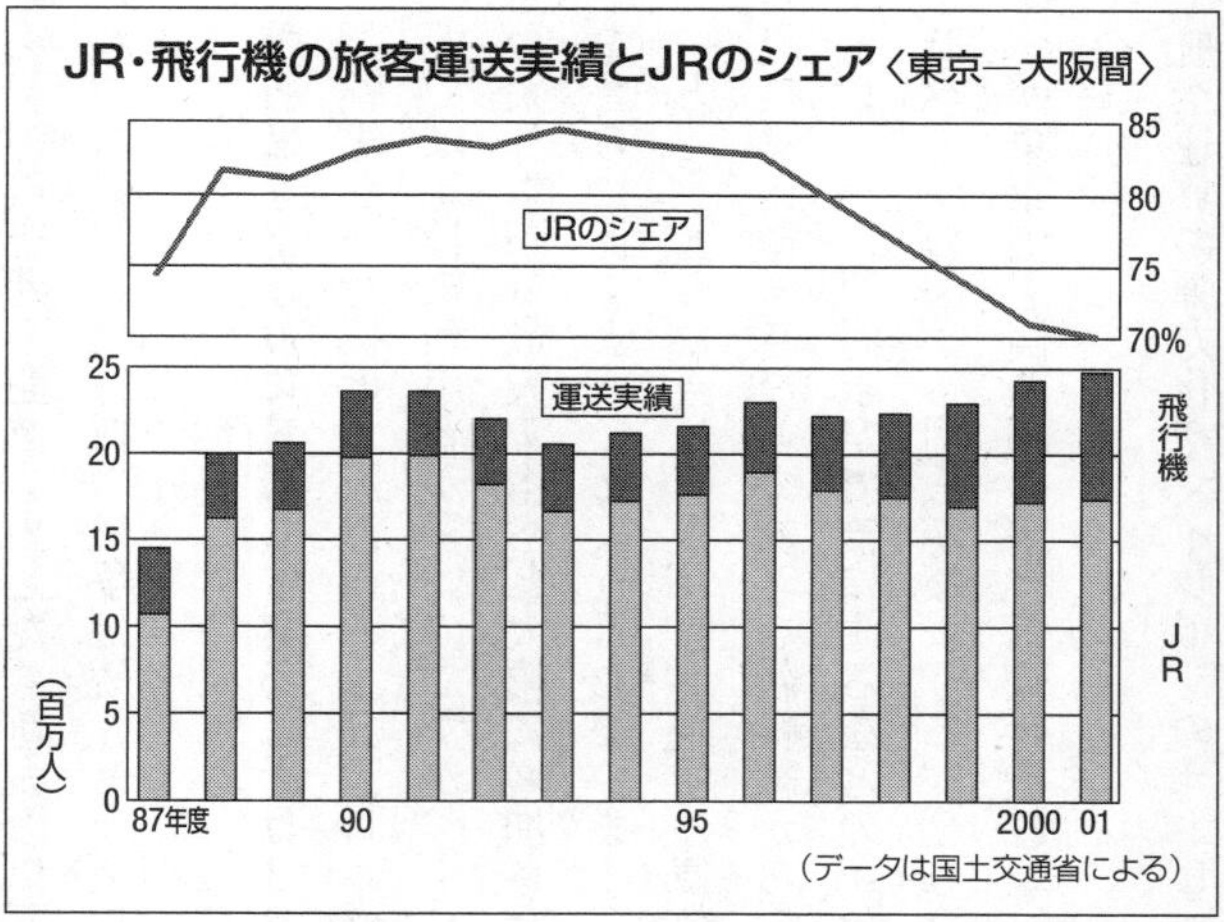

著者が考える新幹線と飛行機の優劣

	新幹線「のぞみ」	飛行機
時間（東京—大阪）	2.5時間	50分（フライト時間）
正確さ	正確	多少遅れあり
ドア・トゥー・ドア	3.3時間	3時間
料金	1万4050円（指定席利用通常期）	1万8800円（通常期普通車運賃＋保険料）
原稿	書ける	時間少ない
眠れる	ゆっくり	時間短い
乗り遅れたとき	リカバリーしやすい	券種によっては変更不可
飲み物	出ない	出る

業後、神戸空港も開業しました。新大阪以西の山陽新幹線はＪＲ西日本の路線ですが、今後も、新幹線と飛行機の競争は続くと考えられます。

飛行機をあまりに意識しすぎることはＪＲにとって得策か

新幹線と飛行機は大阪以西のＪＲ西日本路線が存在する地域とは競合関係にあります。大阪では新幹線利用者が多いのですが、ＪＲは品川駅開業後、のぞみの本数を従来の1時間最大３本から最大７本へと大幅に増加させ、大阪への乗客についても飛行機からのシフトをさらに促すようにしようとしています。

一方、ＪＡＬやＡＮＡもシャトル便の便数の増加や、毎時00分と30分発にして、乗客から見た覚えやすさなどで旅客を新幹線からシフトさせようとしています。また、同方面のマイレージを期間限定で倍にするなどのキャンペーンを行ってきました。

31ページの図から明らかなように、２００３年までの10年間ほどでは、徐々にではありますが東京圏―関西圏の乗客は飛行機にシフトしています（その後もシフトの傾向は続いています）。

航空運賃の弾力化やマイレージのサービス、格安航空券やチケットショップでの株主優待券の販売などで飛行機を利用する人が増えたのでしょう。また、関西空港が開港したこともあり、和歌山などへの旅客に加え、関西以外の人でも関空経由で海外に行く人も増えたことも少しはあるでしょう。私も、モンゴルへ行ったときや、グアムからの帰りで時間的な問題で成田経由ではなく、関空―羽田経由で東京まで戻ったことがありました（もちろん、現在でも、東京―大阪間では、新幹線と飛行機とは熾烈な競争をしています）。

一方、企業戦略という観点からは、関西圏、特に大阪と東京を行き来する乗客に、飛行機と新幹線がライバルであることをあまり強く意識させることが、ＪＲ東海の戦略として正しいかどうかということは十分考えたほうがよいでしょう。なぜなら、「大阪に行くには新幹線」と何の疑いもなく頭から決めこんでいる乗客が少なからずいるからです。あまりに飛行機との競合を意識させるようなキャンペーンや価格設定をＪＲ東海の側から強調すると、それを意識せざるをえなくなります。寝た子を起こすことにもなりかねません。

つまり、これまで、飛行機を新幹線の代替品と考えていなかった顧客層にまで、代替品を意識させることとなるのは、東京―大阪間では高いシェアを持つ新幹線の戦略としてはふさわしいかということです（逆に、航空会社は、意識させたほうがよいということです）。

もちろん、大阪以西の地域に行く乗客に対しては飛行機が代替品であることは間違いがありません。しかし、東京—大阪間については、微妙です。新幹線としては、それをわざわざ乗客に意識させる必要はないと思われ、広告戦略での注意が必要です。航空各社は、逆に代替品であることを意識させるような広告戦略を採ることが望ましいでしょう（米国の有名な経営学者のマイケル・ポーターは、戦略上重視するもののひとつとして「代替品」を挙げています。ちなみに他に重視するものとしては、「顧客（市場）」、「ライバル」、「仕入れ先」などです）。

東京中心の交通網

余談になりますが、私は地方に講演に行く場合などは、昼の時間か、夜でも早い時間の講演なら、だいたい日本全国日帰りで東京に帰って来ます。札幌でも沖縄でもです。もちろん、地方でも奥地に入ると日帰りは無理ですが、県庁所在地なら夜7時頃までに仕事が終わればほぼその日のうちに東京に戻れます。東京との往復は本当に便利にできています。

一方、東京以外の場所から他の都市へ移動するときには非常に時間がかかることがあります。距離的にそう遠くない場所への移動でも、東京や首都圏に一旦戻ったほうが早いことも少なくありません。先日も新潟県の妙高高原から福島県の郡山へ移動しましたが、同じ東北圏内の隣の県への移動でも、長野駅経由で埼玉県の大宮まで戻って新幹線を乗り換えて行くのが一番早く便利でした。

以前、宮崎で数日間の研修を行っていて、たまたまその研修の中間日の休みの日に熊本での講演依頼がありました。宮崎から熊本なら隣の県で移動時間はそれほどかからないと思っていたら大違いでした。まず、直通の鉄道はありません。九州の鉄道は海沿いを走っているので、宮崎からだと鹿児島経由ということになります。バスだと高速道路を走りますが、たまたま講演の時間に便利な便は途中の停車駅が多い便で、四時間近くかかります。調べてみたら、宮崎空港は宮崎市の中心部から近いので、宮崎空港から一旦羽田に戻り、そこで飛行機を乗り継いで熊本まで戻ってくるルートも利用できることが分かりました。

さすがに、羽田に戻ることには結構精神的な抵抗があったのと、どちらかの飛行機が遅れでもしたら講演に間に合わないこともあって、結局バスで移動することにしましたが、そのとき感じたことは、日本は東京中心に交通網が発達しているということでした。経済や政治機能が集中し、約3000万人の人が首都圏に暮らしていることを考えれば、当然といえば当然のことですが、東京に住んでその利便性を毎日のように経験しているとそのことに麻痺してしまうということもあるでしょう。

首都圏機能の移転問題が浮上しては消えていますが、交通網も含めてあまりにも過度の東京一極集中にはさまざまな面からも問題やリスクがあると思います。

輸送力の増強が目的

話を品川駅に戻しましょう。そもそも品川駅を作った背景には、最初に説明したように輸送力の増強という課題がありました。品川駅開業が決定されたのは87年4月に旧国鉄が分割されてそれほど経たない時期のこと（公式には90年の「東海道新幹線輸送力問題懇談会」の検討による）ですが、先にも説明したように、東京駅近くでの引き込み線のボトルネックがあり、東海道新幹線の輸送力はほぼ限界に達していました。

折しも、日本経済がバブルで拡大していた頃で、政府がJR分割後は新幹線の輸送客数の減少を予測していたのとは裏腹に、利用客が急増したのです（37ページグラフ参照）。それを東海道新幹線品川駅開設により解消しようとしたものでした（01年度406億人キ

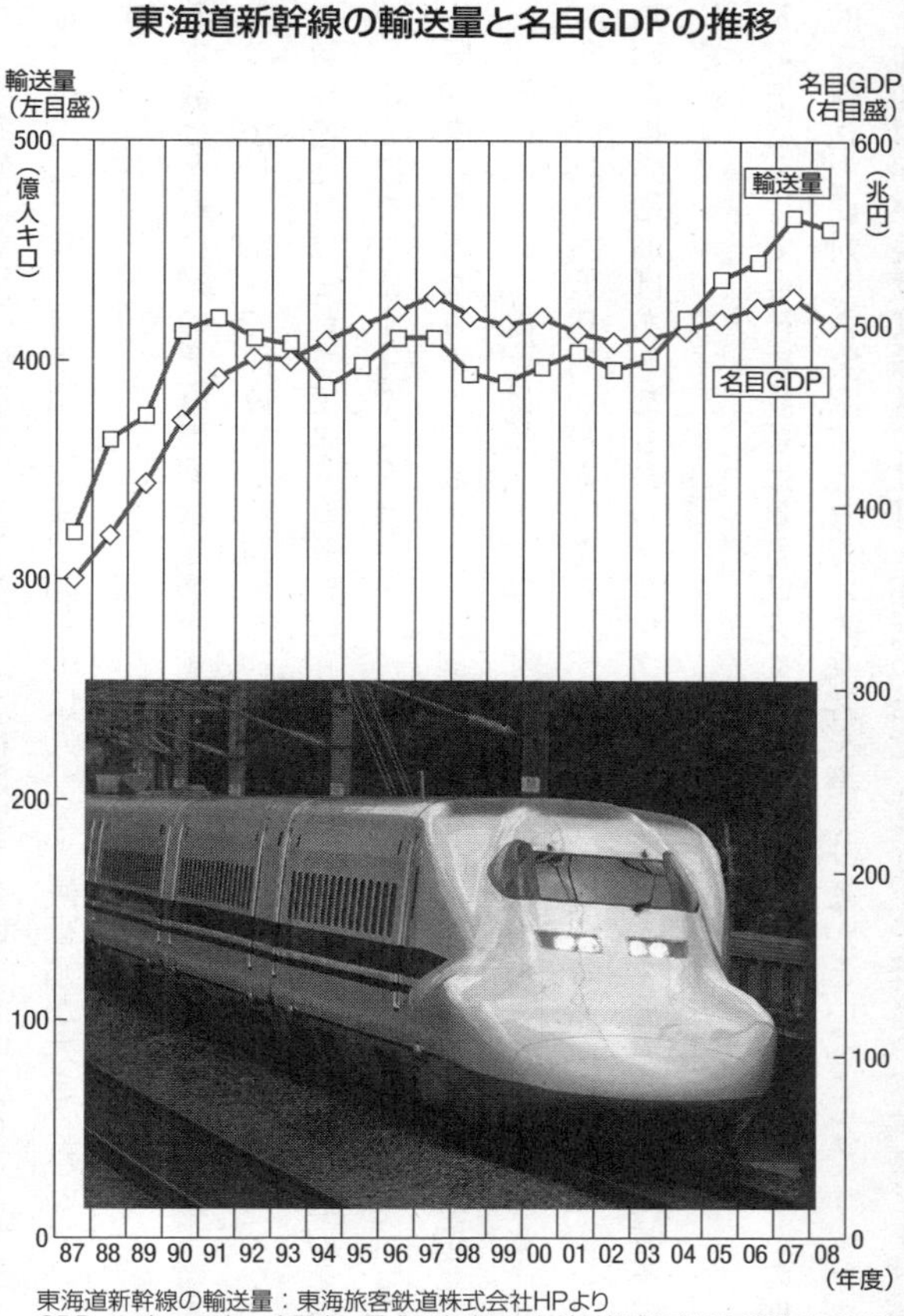

東海道新幹線の輸送量：東海旅客鉄道株式会社HPより
GDP 94年〜08年 内閣府 平成19年度国民経済計算(平成12年基準·93SNA)
88年〜93年 平成7暦年基準

ロだった東海道新幹線の輸送量は07年度には465億人キロまで増加しましたが、08年度には景気後退の影響で前年比1％減。09年度に入っても減少幅が大きくなっているとのことです）。

発着本数とともに、のぞみの本数を増やすことができれば、例えば、東京―新大阪間でも従来のひかりに比べて往復で1時間の節約ができます。発着本数を増やし、かつ、のぞみの本数が増えればこれまでより有効に線路と列車を使うことができ、輸送力を増強できるということになります。

品川駅開業にともなうダイヤ改正で、のぞみの増発が可能となり輸送力が増えたわけですが、実際には、それほどは輸送力は増えていません。それは、バブル崩壊とその後失われた10年と呼ばれる低迷期が続き、さらに、その後のわずかな景気拡大のおかげで、いくらかの輸送量の増加はあったものの、サブプライム危機に端を発する世界同時不況を迎えたからです。

ＪＲ東海にとって今後の課題は景気低迷や労働力人口の減少などもあり、その増加した潜在的な輸送力に対して実際にどれだけの乗客を増やせるかということです。バブル期のような増加傾向が続けば輸送力は目一杯だったでしょうが、経済の巡航スピードが落ちた状況では、輸送量が増えないことも予想されるからです。先にも説明したように、毎時15本まで列車数を増やせますが、そこまで増やす計画は当面ありません。飛行機などのライバルから乗客をシフトさせることがどこまでできるかというところでしょう。

GDPの推移と輸送客数

37ページの図は日本のGDP（国内総生産）の名目成長率を表しています。GDPの伸びと輸送客数の推移がほぼパラレルなのが分かるでしょう。

先ほども説明したように、国鉄分割時には東海道新幹線の利用予想客は微減と政府は予想していました。しかし、実際にはバブル景気もあり乗客は急増しました。しかし、その後は減りはしないものの横ばい状態が続きました。バブル期に乗客が増加した背景には経済が好調だということもありますが、その後乗客が景気低迷にもかかわらず大きく減少しなかった背景にはのぞみ登場による利便性の向上なども要因として考えられます。経済が低迷する中で、今後、利便性の向上が果たしてどこまで新幹線の乗客数を増やせるかが注目ポイントです。

経済の勉強のために説明しておきますが、GDPには「実質GDP」と「名目GDP」

があります。実質値は、ある年（現在は２０００年）の貨幣価値を基準とし（つまり、その後のインフレやデフレを調整した）数字です。名目値は実額です。デフレが進行したため、現在では、実質ＧＤＰが、実額である名目ＧＤＰよりもかなり大きな数字になっています。

設備投資判断は将来のキャッシュフローで決める

ここで、投資の是非をどう決めるかについて、コンサルタント的に説明をしておきましょう。「キャッシュフロー経営」という言葉が定着しつつあるように思えますが、現在、企業が設備投資を行うに際しては、現在の投資額と、その投資によって将来得られるキャッシュフローを比較して（正確には、そのキャッシュフローを金利で割引くことによって得た現在価値と比較して）決定されることが多いのです。少し専門的ですが、ファイナンスの用語でそれをディスカウンティド・キャッシュフロー（Discounted Cash Flow：ＤＣＦ法）といいます。

つまり、投資により将来得られるキャッシュフローと現在の投資額を見比べてその投資を行うかどうかを決定するのです。特に長期にわたる投資を行う際には、そのキャッシュフローの見通しを厳しくしたり、割引き金利を高めに設定することで、将来のキャッシュフローの現在価値を厳しめに見るのが一般的です（割引き金利を高めに設定すると、割る分母が大きくなるためキャッシュフローの現在価値は小さくなります）。

甘い見通しで大規模投資を行えば、企業に大きな損失をかけることにもなりかねないからです。特にダウンサイドリスク（失敗したときに被る最大限の損失額）が大きいときには、慎重に決定することが必要です（といっても、社長が言いだしたからと、結構甘めに見通しを立てることも少なくないかもしれませんね）。

ＪＲ東海の品川駅開業の判断は、同社の規模からすればそれほどダウンサイドリスクの大きな投資ではないと考えられます。しかし、輸送量需要の見通しが以前と大きく違っているようなことがあれば、将来の収益が予想したように上がらないということも考えられます。もちろん、ＪＲは公共性の非常に高い企業ですから、採算だけでは投資判断を決定することはできませんが、民間企業（株式会社）という側面を考えれば収益性判断も慎重に行わなければならないことはいうまでもありません。品川駅開業による需要増やキャッシュフローの増加がどれだけあったかの検証も知りたいところです。

品川新駅はJR東海の戦略拠点

先に新幹線品川駅が開業されるのにもうひとつ大きな理由があると書きましたが、それは、旧国鉄が分割され、東海道新幹線がJR東海の管轄となったことがもともとの発端となっています。JR東海は、独自の駅や施設を首都圏の中に欲しかったという事情があります。

87年4月に旧国鉄が分割され、その結果、東海道新幹線はJR東海の管轄となりました。在来線では、熱海より西、米原より東がJR東海の管轄です。したがって、先にも話したように東京駅にはJR東日本とJR東海の駅があります。東海道新幹線以外の東北、上越、長野などの新幹線はJR東日本の新幹線です。

JR東海は東海道新幹線の運行を行う上で、どうしてもオペレーションセンターや本部機能、それに乗員や社員のための社宅などを確保しなければなりませんが、国鉄分割に際して、関東地区のほとんどの施設はJR東日本のものとなってしまいました。そこで、JR東海としてはそれらの施設を自前で確保することが宿願でした。そして、それを品川駅を開業することで一部確保することが可能となりました。

新幹線の品川駅上にビルを建て、本部機能が入るビルと社宅を確保することができたからです。本来ならもう少し広い敷地を駅や駅ビル用地として確保できるに越したことはなかったのでしょうが、それでも国鉄分割以来の大きな課題のひとつが解決したといえます。

さらに、ＪＲ東日本が大部分を占める東京駅では、ＪＲ東海が自前で切符を発券できる場所がわずかに限られていましたが、新幹線品川駅ではＪＲ東海が発券できる場所を多く持てるのでその分わずかでも収入が増えます。

というのは、ＪＲ東日本の発券場所でＪＲ東海の切符を発券すると、手数料をＪＲ東日本に支払わなければならないからです。東京駅では、丸の内側も八重洲側もほとんどがＪＲ東日本の券売所となっており、ほとんどの券でＪＲ東海からＪＲ東日本への手数料の支払いが発生しましたが、品川駅ではそうしたことも少なくなるという実利的な面もあるのです。

しかし、品川駅開設に当たっては、本当は品川駅東側の、現在では新しいビル群が建っているあたりにもう少し大きな駅をＪＲ東海としては作りたかったという要望があったのです。あのあたりの土地は、旧国鉄清算事業団が持っていた土地だったのですが、ＪＲ東日本の影響力の強い清算事業団が、ＪＲ東海には十分な土地を提供しようとしなかったという噂もあります。

新幹線の品川駅の上には、JR東海のビルが建っていますが、新幹線の線路上に建っているため、細長い形となっています。また、新幹線の品川駅では、ホームには売店がないという不便さもあります。

上昇する品川駅周辺の地価

バブル経済が崩壊して以降、東京をはじめとする地価は大幅に下落をしました。(東京都心の土地は大幅に下げたあと、その後一部反発しましたが、また、世界同時不況の影響で下落傾向となりました。このあたりについては、第三章で詳しく説明します)。

そうした中で、品川周辺の地価は上昇しました。東海道新幹線の品川駅開業により、品川駅周辺にオフィスを持つ企業の利便性が高まったからです。もともと品川周辺に本社があったソニーをはじめとして、三菱商事などが新社屋を建設して本社機能を品川に移しました。

地方への出張の多い企業の場合だと、東海道新幹線へのアクセスも良くなるし、羽田空港へも京浜急行を利用すると20分程度で行けます。京急線は京成線と相互乗り入れしていますから、成田空港へも時間さえそれほど気にしなければ一本でアクセスできます。成田や羽田に車で行く場合にも都心の渋滞を避けることができるなど、交通上の利便性は高いです。品川からだと従来は、新幹線に乗るには東京駅まで戻るしかありませんでしたが、それが品川駅から乗れるとなると、ずっと利便性が高まります。

品川駅周辺、特に駅の東側に大規模な開発余地があったことも開発が進んだ理由として大きいでしょう。高層ビルが次々と建ちました。先に建ったソニーのビルが電車からは見えなくなったほどです。高層マンションも多く建ちました。

さらに、駅の西側も再開発の余地はかなりあります。その奥は、白金などの高級住宅地でイメージも良いです。また、汐留（新橋駅の浜松町寄り）の再開発も進んでおり、電通や日本テレビ、共同通信社の本社が汐留に移りました。新橋からは新交通システム「ゆりかもめ」がお台場方面にも出ており、東京駅から山手線に沿って南寄りにビジネスの中心がシフトしてきている感じです。そのことも品川の利便性をより高める結果となっています。

品川駅近くの開発が急ピッチで進みましたが、全体のオフィス需要が高まらない中、都心の他の地域からオフィスを移す企業が増えると、そちらの地価が下落するということになります。

ちなみに私のオフィスのある麴町では、日本テレビが本社機能を汐留に移し、その影響で関連会社も麴町からかなり出ていったこともあり、オフィスの空室が増し、賃料も下落しました。全体でのオフィス需要が増えない中での都心機能のシフトは空室が増える地域での賃料の大幅下落をもたらすこととなるでしょう。

八重洲地下街や東京モノレールは打撃?

品川駅開業は、地価だけではなく、商業地域などへの影響も少なからずあるかもしれません。東京駅に隣接する八重洲地下街の商店街や東京駅大丸の地下食料品売り場などは、影響があったかもしれません。

例えば、千葉方面から新幹線に乗り継ぐ場合、従来なら総武線快速電車で東京駅まで来て、そこで新幹線に乗り継いでいました。新横浜には総武線は行っていないので、それ以外の乗り継ぎはできないからです。しかし、東京駅の総武線の地下ホームは深い上に丸の内側(西側)の端にあります。新幹線は八重洲側(東側)の端にあるので、乗り換えに時間がかかり、お年寄りや荷物の多い人などには大変です。また、東京駅構内はいつも結構混雑しています。それを、総武線快速をそのままあと二駅（新橋、品川）と乗り継ぐと、品川駅のほうが東京駅よりも格段に小さいので、乗り継ぎをよりスムーズに行えると考える旅客も少なくないでしょう。

（大丸の地下食料品売り場でなぜ影響があるのかと思われた方もいらっしゃるかもしれませんが、そこでは結構たくさんの種類の弁当が売られているのです。それも、リーズナブルな価格で美味しいものも多く、私もよく利用するからです。お弁当の調達という点では、東京駅のほうが品川駅よりずっと良いです）

また、静岡以東に住む人で羽田空港を利用する人は、これまでは東京駅まで新幹線で来て、浜松町に山手線や京浜東北線で戻り、そこからモノレールという人が多かったと思いますが、今後は品川で降りて京浜急行で羽田へ行くことになるでしょう（ちなみに、静岡空港も2009年6月4日に開港しました）。

先にも述べたように、品川へオフィスを移転させた企業も増えており、東京モノレールの乗客数にも影響を及ぼす可能性もどの程度であったのか興味深いところです（ちなみに東京モノレールはJR東日本の系列）。京急と東京モノレールもそれぞれ羽田空港へのアクセスの利便性を競っており、京急では、蒲田から羽田まで止まらない電車を作ったり、モノレールでも、浜松町から空港までノンストップの「空港快速」が登場しています。

新幹線ができて長野が寂れた

品川のように新幹線の駅ができると街が繁栄するとは必ずしも言えない場合もあります。長野新幹線は長野オリンピック開催を期して開業しました。そのおかげで、一時は長野は栄えましたが、それは長続きしませんでした。2003年、2009年には善光寺の御開帳があったため、観光客が増えたようですが、長野を訪れるビジネス客はほとんどが日帰りになったといいます。観光客も日帰りが十分可能です。新幹線開通により、東京―長野間が約1時間半で結ばれるようになったのです。それまでの半分です。先にゴルフのことで触れた軽井沢なら東京から1時間で行けます。

長野駅前から善光寺まで続く長い商店街は、オリンピック時にきれいに改修されましたが、現在では商店街のところどころが閉店して、「歯抜け」の状態になっています。軽井沢は駅前が開発されショッピング客やゴルフ客も増えたでしょうが、長野の地元商店街は新幹線の恩恵にそれほど与《あずか》っていないように思えます。

正確な数字を持っていないので確定的なことは言えませんが、長野市内のホテルも稼働率が落ちたのではないでしょうか。東京から見れば、名古屋と同じ時間で行けるようになったことで利便性は高まりましたが、それまでの宿泊客が日帰りになり地元経済という観点からは問題は小さくないと思います。

長野までの時間が短くなったために、長野へ来る観光客やビジネス客が格段に増加したのなら問題はないでしょうが、そうでないなら新幹線開通は経済的には結果的にネガティブ（負）に働いたかもしれません。もしそうなら、今さら、新幹線を取り除くこともできず、問題は深刻です。長野経済を活性化し、東京などから見たビジネス上の魅力を増やさない限り、問題を本質的に解決することはできないでしょう。

この本の単行本の初版が出た後で、韓国にも新幹線が登場しました。この本を書いたおかげで、その際に韓国のテレビ局2社が私の所に取材に来られて、新幹線の経済効果についてインタビューがありましたが、私は、ここで書いた長野の話をしました。韓国での新幹線の経済効果は私には分かりませんが、中国でも高速鉄道網の開発が進んでいます。さまざまな経済効果に対する期待があり、良い面、悪い面双方があると思いますが、中国などの国土の広い国では、高速鉄道網の整備は大きな経済効果が期待できるでしょう。

余談になりますが、長野県は広く、中央本線沿線に出張するときは時間がかかるのが難点です。諏訪や岡谷にもときどき講演を頼まれて行きますが、新宿から2時間以上中央本線の特急（「スーパーあずさ」など）でかかります。南アルプスや八ヶ岳など景色はきれいですが、列車の横揺れが激しく、原稿を書いたりするには結構苦労します。大分前に特急が新型に変わったので、少しましにはなりましたが、それでも新幹線よりは横揺れが激しいです。

新幹線でも、300系の車両は横揺れをよく感じ、原稿をパソコンで打っていると酔ったような感じになったことがありましたが、500系や700系、そして最近ではN700系にのぞみが変わって大分横揺れが少なくなった感じがしています（私は結構500系〈JR西日本の新幹線で、灰色のとがった車体。一番前と一番後ろには出入り口がない〉を気に入っていましたが、残念ながら近々引退するそうです）。

本章では品川駅開業に関連して、さまざまなことを雑感的に書きました。次章からはまた違った角度から、新幹線から見える経済現象を捉えていきます。

第二章——

「野立て看板」からみる企業経営

「N700系のぞみ」の巡航速度は時速270キロ、東京ー新大阪間を最速2時間25分で走る

なぜか気になる車窓から見える看板

新幹線に乗って窓から外を見ると、昼間だと見晴らしの良いところに大きな看板が結構たくさん立っているのが目に入ります。しかし、どこの会社の看板が立っているのかを気にしない人が案外多いのではないでしょうか。それも、どの会社の看板がどれだけの数立っているかなどを知っている人はまずいないでしょう。私は仕事柄、その看板のことが気にかかります。そして、ときどき、ある一定区間で、その看板の会社名と数をチェックするのです。これがなかなか興味深いものがあります。

55ページの表にあるのが、最近、東海道新幹線の三河安城《みかわあんじょう》―豊橋《とよはし》間で勘定した看板の会社名と数です（山側の看板数です）。新幹線によく乗る方なら、「そういう感じだ」と思う方もいるかもしれないし、「ええ、そうなの？」と意外に感じる方もいるかもしれませんね。この本を最初に出した約6年前と、その後の看板の種類と数を載せていますが、結構変わっていますよね。特に看板の絶対数が減っています。

ここでもいくつかの仮説が成り立ちます。

①この6年間で開発が進み、看板を立てられる場所が減った。

②仕事が忙しく、車内で仕事をする人が増え、看板を見る人が減り、看板の需要が減っ

た。

③防音壁が増え、看板が見えにくくなった。

などです。

ただ単に看板の社名と数を勘定するだけですが、これがなかなか難しいときもあります（皆さんも実際にやってみてください）。普通想像すれば、看板が立っているのを見つけたら、その会社名と数を書き留めていけばよいと考えるでしょう。確かにそのとおりなのですが、やってみれば分かりますが、実際にやってみると結構難しいですよ。

のぞみは東海道新幹線区間では最高スピードが時速270キロです。三河安城と豊橋の間では、最高速度に近いスピードで走っていると思います。そのスピードで走る車内から、看板を見ます。看板が定期的にひとつずつ現れればよいのですが、そうは都合よく現れない。場合によっては3つくらいが同時に現れます（見やすくて、かつ、立てる許可を得られる場所が限られているのでしょう）。それを見て、一瞬で覚え、ノートに書く。これは結構難しいのです。

時速270キロでは、のぞみは1分間に4・5キロ進みます。十数秒で1キロ進む計算です。だから、看板を見つけても、実はあっという間に過ぎ去ってしまうのです。数個の看板が一度に現れても、数秒で消え去ってしまう。だから、実際には、看板の社名と数を書き留めるにはかなりの集中力が必要です。

三河安城と豊橋の間で、看板の観察を行うのは、その間に比較的立っている看板が多いということもありますが、神経を集中できるのがその間の約10分ほどであるということもあります（こんなことを長時間やると大変です）。

読者の方も一度、どこかの区間でやってみられると面白いかもしれませんが、結構、集中力が必要だし、思った以上に疲れます。

見ようと思えば見えるもの

人は意外とモノを見ているようで見ていないものです。見ていても漠然と見ていることが多いのです。皆さんの中には、「なんでもそんなに意識してモノを見ていると疲れる」と言われる方もいるかもしれませんが、意識して見ているものでも、意外と見えていないものも多いものです。例えば、皆さんは配偶者や恋人の髪型や時計が変わったのに気付いていますか。いつも通っている駅のポスター広告が変わったのを分かっているでしょうか。見てはいるが、気づいていないことは意外と多いものです。

三河安城―豊橋間（山側）の「野立て看板」

2003年6月		2009年1月	
727 COSME TICS	3	727 COSME TICS	3
穴吹工務店	2	穴吹工務店	2
東建	2	東建	2
ローズ羽毛布団	3	ローズ羽毛布団	3
JA関係	5	JA関係	2
タンスにゴン	3	銀座ステファニー化粧品	1
シャディー	1		
ビタシーゴールドD	4		
エンバ	1		
しょうゆ玉味噌	1		
オートウェーブ	1		
合　　計	26	合　　計	13

（著者調査により作成）

新幹線の車窓から見える「野立て看板」（新横浜ー小田原間、山側）
写真／南正時

意識的に見ても、覚えていないことも多いです。今朝読んだ新聞の一面のトップ記事や、朝のテレビニュースの最初の話題を覚えている人は少ないのではないでしょうか。人間は、見るものを無意識のうちに選択したり、意識的に見てもそれを忘れるようにできています。すべてのモノが見え、それを全部覚えていたらそれこそ頭が変になってしまうかもしれません。

しかし、逆に、意識的に見て、覚えることも行っておかないと、なんでも漠然と見ていては、大切なことを見過ごしてしまうということにもなりかねません。自分も含めて人はモノを見ているようで見ていないという認識がまず大切です。そうでないと、自分はモノをよく見て知っているという「錯覚」に陥ってしまうかもしれません（モノを見るということに関しては、拙著『ビジネスマンのための「発見力」養成講座』〈ディスカヴァー・トゥエンティワン〉をご参照ください）。

三河安城―豊橋間の「野立て看板」を分析する

２００３年に、三河安城―豊橋間の山側で一番多かったのは「ＪＡ関係」は別として「ビタシーゴールドＤ」でした。テレビや雑誌の広告で見ることはそれほどないですが名前を知っている方も多いのではないでしょうか。

同区間では「**トキワ南天のど飴**」の看板も多かったです。しかし、注意深く看板を見ていると、その看板は、三河安城—豊橋間では、すべて海側（東京から新大阪に向かって左側）に立っていました。

実は、「**ビタシーゴールドＤ**」も「**トキワ南天のど飴**」も同じ会社（常盤《ときわ》薬品《やくひん》）の製品です。その当時、新幹線全線を調べたわけではありませんが、「**ビタシーゴールドＤ**」は山側、「**トキワ南天のど飴**」は海側を中心に看板を配列してあるようでした。

しかし、現在では、これらの看板はありません。同社が広告戦略を何らかの理由で変えたのでしょう。

ＪＡ関連の看板も新幹線沿線には多いですが、三河安城と豊橋の間にもＪＡ関連の看板がいくつかあります。その中で私の注意を引いたのが、ＪＡ奈良が出している「**奈良の柿**」という看板です。奈良の柿をなぜ、そこで宣伝しているのかと、ふと疑問に思ったからです。疑問に思うと記憶に残りますが、私の記憶が正しければ、確か、東北新幹線の福島県内にも同じ「奈良の柿」の看板が立っていました。

JA系が多いのは、単純に宣伝を行いたいということもあるでしょうが、農作物輸入自由化などで何かとプレッシャーがかかることに対して、何とか自分たちのプレゼンスを示そうとする意図もあるのでしょう。日本にとっては食料安保上の問題も含め、どう舵取りするかが難しい問題です。

さらに、豊橋に近づいたところに、以前は毛皮の「**エンバ**」の看板がありましたが、これは長い間半分壊れたままで、現在では看板の枠だけになっています。看板を見ているとエンバに限らず会社の栄枯盛衰を感じます。看板でも注意して見ていると、いろんなことに関連付けられたり、興味が湧いてきたりするものですね。

車窓から目にするユニークな広告

私がなぜ新幹線沿線の看板に興味があるかといえば、経営コンサルタントという仕事をしているからです。最初は「あの看板にどれだけの効果があるのか」とふと思ったのがきっかけです。そう思いながら、いろいろな看板を見ていると、不思議に思うことも少なからずあります。

看板にどれだけ効果があるのかは、正確な分析ができないからそれを判断することは難しいでしょう。それは、看板に限らず、雑誌やテレビの広告でも同じです。もし、それを行うとすれば、一般の人にアンケートを取り、「この会社名を知っていますか」、知っているとすれば、「どのような方法で知りましたか」というような質問をして、その中で「看板」あるいは「雑誌」と答えた人の数を調べるようなことをするのでしょうが、そのような調査結果があるのかどうかは、残念ながら私は知りません。

しかし、効果があることもあるのでしょう。沿線の看板でしかほとんど見ない企業名もあるからです。

例えば、結構多い看板に「727COSMETICS」があります。多くの読者の方はこの名前を知っているのではないでしょうか。この会社は業務用の化粧品を販売している会社だそうですが、普段日常生活でこの社名を目にすることはあまりないと思います。しかし、その割に（といっては失礼ですが）、知名度の高い企業名ではないでしょうか。

この会社は、沿線の看板の他に、新聞の一面の下のほうに小さな広告も出しており、「727」という社名のユニークさもあり、知名度を高めています（ちなみに、この会社の一番大きな看板〈と私が思っている〉のは、京浜東北線や東北新幹線から見えるものです。東京の東十条駅と赤羽駅間のビルの上に大きな看板が出ています）。

看板を出す効果で何を狙っているのかといえば、ひとつは知名度の向上です。セールスに初めて行った場合でも、知らない会社の社員が来るよりは、知っている会社の社員のほうが受け入れられやすいものです。電話でのアポイントも取りやすいです。知名度の高い会社や商品のほうが、まったく知らないものに比べてお客さまが受け入れやすいことは当然です。

さらに、今使ってくれているユーザーに安心感を与えるという効果もありますね。自分が使っている会社や商品名を見かけると、何となく安心しませんか。そういった意味で、野立て看板が役に立つと私は考えています。

マーケティングと「AMTUL」

ここで少しマーケティング理論の話をしましょう。マーケティングの考え方にAMTUL（「アムトゥール」と読むことがある）というのがあります。

Awareness（認知）、Memory（記憶）、Trial（試験的使用）、Usage（使用）、Loyalty（忠実）のそれぞれの頭文字をとったものです。これは、第四章に出てくるAIDMA（Attention, Interest, Desire, Motive, Action、第四章で詳しく説明）とよく似た考え方ですが、人がある商品や企業に対しての関わる度合いの深さの過程を表しています。コンサルタントがよく使うツールのひとつです。

通常は、以下のような質問で調査します。

Awarenessについては、商品や企業名をどれくらいの人が認知するか（具体的には「○○という商品名を知っていますか」という問いに対する「はい」の人の比率）を調べる。これを難しい言葉で「再認知名率」といいます。

Memoryでは「△△という商品からどんなブランド名をイメージしますか」という問いを行います。一般的な商品から商品名や企業名を呼び起こしてもらえるかどうかということで「再生知名率」と呼ばれています。

さらにTrialでは「使用経験率」を調べます。試験的に使用した経験者の比率を調べるのです。

Usageは「主使用率」で、ある商品を主に使っている人の使用率が問題となります。

最後のLoyaltyでは、「今後も買いつづけてくれるか」という問いかけに「はい」とどれだけの人が答えてくれるかを調べます。

看板では、Awareness（認知）やMemory（記憶）を高めるのに役立つと考えられます。また、現在使っている人の安心感を高めるのに役立っていると思います。

ここで説明した「ＡＭＴＵＬ」などは、マーケティングの一つの考え方ですが、こうした切り口を少し知っていると問題解決の糸口が見出しやすいことがあります。こうした理論や方法論のことを「アプローチ」といいますが、技を少し勉強することが時間の節約になることも少なくないものです。

看板のお値段

ここで話を新幹線沿線の看板の話に戻しましょう。私は、あの看板を立てるのにどれだけの費用がかかるのかということが気にかかったので調べてみました。看板の広告代理店を見つけるのにそれほど苦労はしませんでした。新幹線に乗って看板をよく見ていると、その中に「古川広告社」というのがあり、電話番号が書いてあったからです。広告代理店が自社の広告を看板に書いてあるのです（たぶん、広告の入らなかった看板に自社の広告を出したのでしょう）。そこに電話して問い合わせると、1枚あたり年間60万円だという答えが返ってきました（3年間のリース契約が前提、２００３年）。

この値段が高いか安いかは直接的にその効用を測れないから判断は難しいのですが、私は次のように考えました。新幹線一編成あたり約１０００人の人が乗っているとして、その５％（科学的根拠はない）の50人が看板に気付くとします。さらに、１日に看板の見える時間帯だけで各方向に約70本の列車が走っているとすれば、１日あたり３５００人の人がそれに気付いていることになります。

それが、１年だと１２８万人近い人が認知することになります。中には私のように、ノート片手に、必死で看板を見る人間もいますから、知名度向上という点からは沿線に50本立てたとしても約３０００万円の看板代はそれほど高いとは言えないかもしれませんね。

ビルボードの値段

新幹線沿線の都会地域ではビルの屋上などに大きな看板が多く設置されています。「ビルボード」と呼ばれることもある屋外広告看板です。ビルボードの価格は、当然地域によっても違いますが、２００３年８月25日付けの日本経済新聞朝刊によると、面積50平方メートルの大型の看板で、都内だと年間数千万円ということです。この頃は、97年に続いての二度目の金融危機をようやく克服した時期で、この後、２００７年末あたりまで景気が拡大したものの、その後急激に景気が後退した現在とも、それほど値段は変わらないと思われます。

これらの看板は広告主が広告代理店などを通じて看板の所有者と賃貸契約を結ぶのですが、この日経新聞の記事によれば、都内の広告看板の賃借料は２０００年以降数年間で「一割前後下落した」ということです。その原因として、企業の広告費節減傾向が強まったこと、たばこ業界が屋外広告を自粛する自主規制を決めたこと、さらに、インターネット広告など、他の広告手段が増えたことなどを原因として挙げています。さらに、同紙では、２００２年の全国の屋外広告費は合計２８８７億円、前年比３・５％減で、６年連続の前年実績割れ（電通調査）としています。

屋外広告物については規制も多く、自治体の許可が必要です。さらに、景観問題に配慮するために、国土交通省は屋外広告物法（こんな法律があることを私は知らなかった）を改正し、規制を強化することを検討しているということです。

車窓から見える屋外広告については、あまり多くのメッセージを伝えることは難しいですが、先にも述べたとおり、認知度を高めたり、使用者に安心感を与えるという観点からは有効であると私は思っています。その費用対効果を有効に測定することは難しいのですが、マーケティングの有効なツールであると言えるでしょう。

日本全体の広告費は六兆円

そこまで知ると、日本全体の広告の状況がどうなっているのかを知りたくなりますね。全体の広告費は、「電通広告年鑑」によれば、2001年で約6兆円強でした。屋外広告がその年、約3000億円でしたから、全広告金額の5%ということになります。

ちなみに、ジャンル別で最も広告費が多いのは、テレビの約2・1兆円、続いて新聞が1・2兆円でした。その他では、主なものとして、DMが約3643億円、折込が4560億円、交通が2480億円（いずれも2001年）となっています（ちなみに看板などは屋外広告で2992億円）。

全体としての広告費は減少していますが、その中にあって伸び率が高いのは、衛星メディア関連とインターネットでした。両者とも絶対額は小さい（2001年で衛星が471億円、インターネットが735億円。ちなみに、2007年では衛星が603億円、インターネットは6003億円と、インターネットが急増しました）でしたが、それぞれ前年に比べ、77・1%、24・6%の伸びとなっていました（ただし、その当時はインターネットの伸びは過去最低に鈍化していました）。

先ほど全広告費は約6兆円と述べましたが、広告費は景気の変動を受けやすく、景気が良くなれば増加し、悪くなれば減少する傾向にあります（67ページ表）。企業では「3Ｋ」といって、景気が悪くなると、「広告費」、「交通費」、「交際費」を絞ります。

２００1年の名目ＧＤＰに対する全広告費の比率は1・2％でした。85年以降ではバブル経済がほぼピークだった90年が最高で、同比率は1・26％でした（数字等は「電通広告年鑑02／03」による）。

6兆円という数字がどれくらいのものかを比較するのは難しいですが、防衛費が約4・6兆円であるので、それらと比べると広告産業の大きさが大まかに分かっていただけるでしょう（現在では広告費は約7兆円です。これは数字のとり方の範囲を広げたことによります。防衛費は4・7兆円）。

さまざまな広告の種類

広告についてもう少し細かく見てみましょう。皆さんもご存知のように、広告には、テレビ、ラジオ、新聞、雑誌といったメディア系のものから、ここで紹介している看板や駅

「GDP（名目）と広告費」

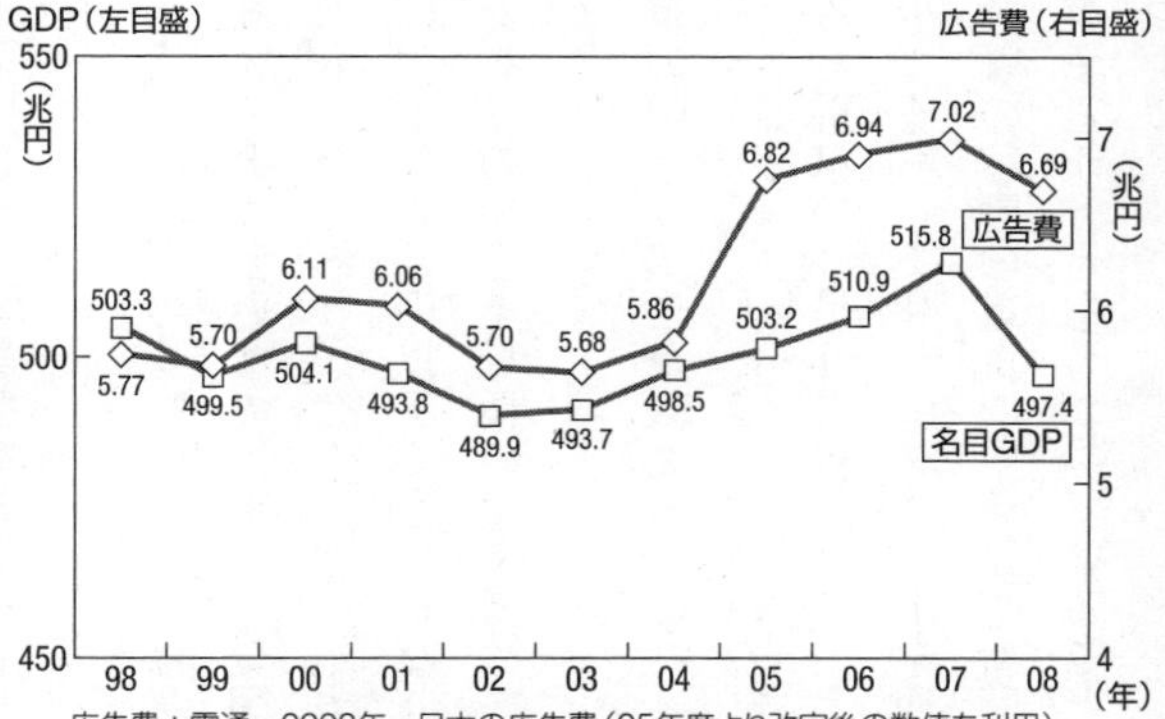

広告費：電通　2008年　日本の広告費（05年度より改定後の数値を利用）
GDP　：内閣府　国民経済計算（平成12年基準・93SNA）

の広告、インターネット、バスや電車の中吊り広告、また、そのバスや電車そのものを使ったラッピング広告などがあります。

ラッピングでは、バスから飛行機まであります。さらに、スポーツ選手のユニホームに付いた企業広告や、試供品などを街頭などで配ることによる「セールスプロモーション（SP）」なども広い意味での広告ということになります。

新幹線の関連でいうと、車内には家電メーカーやホテルの広告パネルが貼られていますし、ドアの上の電光板でもニュースとともに、企業広告が流れています（最近では、大学の広告も出ています）。また、名古屋駅の大阪方面行きの新幹線ホームから道路を隔てたビルを見ると、大きな電光ボードがあり、そこでも企業宣伝が流れています（結構インパクトがあります）。

それぞれの広告の特徴については、69ページの表にあるとおりですが、メディア系は値段が高いことが多いです。特に、全国ネットのテレビ広告を行うと億円単位の費用が掛かることも少なくありません。逆に地方でしか活動しない企業だと、地方の放送局は交渉次第では、100万円以下でも、かなりの本数のＣＭを流してくれることもあります。自社や自社製品の特性を見極めた上での広告戦略が必要となりますね。

電車の中吊り広告が教えるもの

私は小田急線とＪＲで、世田谷の自宅から麴町のオフィスまで通っています。通勤電車に乗ると電車の中吊り広告が目に入ってきます。また、都内を地下鉄やＪＲで移動することも少なくありません（タクシーを使うこともありますが、電車が好きです）。

短距離の移動の電車の中では、新聞、雑誌、本を読むか、乗っている人など車内の様子を観察するか、目をつぶっていることもあるのですが、よく見るのは中吊り広告や車内の広告です。

広告の媒体ごとの特徴

	メリット	デメリット
テレビ	広範、アクセス容易、信頼感	高コスト、ターゲットを特定できない
ラジオ	広範、アクセス容易	情報量不足
新聞	広範、即時性、保存性、情報量	高コスト、ターゲットを特定できない
雑誌	ターゲットが明確、保存性	高コスト、反応測定が難しい
ビルボード	認知力	情報量が極端に少ない、維持コストがかかる
中吊り広告	即時性、注目度、そこそこの情報量	数が限定されている、高コスト
インターネット	双方向性、情報量、低コスト	注目度（ヒットの数の問題）、信用性は落ちる

中吊り広告で圧倒的に多いのが、雑誌の広告です。週刊誌、月刊誌などですが、女性誌の広告が目立ちます（余談ですが、たまに雑誌の広告に私の写真が載ることがあるのですが、自分の写真が出ている広告が出ている車内にいると、なんとなく気恥ずかしいものです）。

雑誌も景気低迷のせいで売上部数が減少しているものが多いのですが、その中で、キャリアゾーン（30歳前後）の女性をターゲットにした雑誌はかなり健闘しているようです。それは、仕事を持っている未婚女性の可処分所得が男性や他の年齢の女性に比べて多いということでしょう。

彼女たちは、自分のために使えるお金を多

く持っているのです。特に、以前流行語にもなった「パラサイトシングル」と呼ばれる、独身で親元で暮らしている人たちは、同居しているサラリーマンの父親よりも自由になるお金が多い場合も少なくないのです（ちなみに、パラサイトとは寄生虫という意味です）。

彼女たちは、服、靴、バッグ、小物などを買うための情報源として雑誌を活用します。そのような雑誌を持っていること自体もファッションのようです。もちろん、ショッピングのためだけでなく、恋愛やデート情報などにも活用します。雑誌の値段は数百円から1000円程度までですが、昼食代まで削られている世帯持ちの男性と違い、雑誌への出費などをそれほど気にはしないようです。

デパートへ行っても、男性ものの売り場はどんどん縮小されています。衣類、雑貨の売り場の大半は女性用ですね。衣類・雑貨が4フロアーあるデパートでは、1フロアーの一部だけが男性用品というところもあります。世のお父さんの地位が大きく低下しているということでしょうか（ただし、最近の若い人たちの消費パターンは、10年前とはまた違ってきているようで、車もいつも必要でないならレンタルで済ますなど、今の若い人たちは「堅実」なところがあるようです）。

男女雇用機会均等法と少子化

働く女性の地位向上は戦後一貫して唱えられてきたことですが、男女雇用機会均等法が施行されてからは、男女間での賃金差を認めないなど、性差によって雇用条件を変えることは認められなくなりました。

このところ少子化が進んでおり、女性が一生に子供を産む数である「合計特殊出生率」も２００８年で１・３７という水準にまで減少していますが、その背景には、雇用機会均等法など、女性の社会的な地位向上があります。

以前は、経済的理由で結婚をしていた女性も少なくなかったのですが、現在では、自分一人なら食べていくことができる給与を女性が得ることができるので、あえて、経済的理由だけで結婚する女性が減少しているのです。そのことが晩婚化、そして少子化のひとつの原因となっています。ちなみに、２００８年の男性の平均初婚年齢は30・２歳、女性は28・５歳でどちらも上昇傾向にあります。

ただし、晩婚化だけであれば、一時的な少子化現象は起こりますが、一世帯あたりの子ども数が減少しなければ、長期的には子どもの数は回復するはずでした。しかし、結婚している世帯あたりの子ども数が、２人強から、１・７人にまで減少しているせいで、子ども数も大幅に減少しています。その原因としては、経済的理由、家の狭さ、などが主な理由として挙げられていますが、晩婚化による影響も少なからずあると考えられています。また、将来に対する不安も大きいと思われます。

子どもが減少しているので、子どもを対象にしているビジネスは今後縮小傾向となります。電車の広告（中吊りではなく、ドアの上などに比較的長い期間掲示されているもの）では、少子化の世相を反映した業種のものも少なくありません。塾、大学、自動車教習所、結婚式場などです。それらの業種は、もろに少子化の影響を受けています。再編も急速に進んでいます。

「団塊ジュニア」のおかげで、以前はひと学年200万人前後いた若年人口が、今では、20歳前後で130万人前後、10歳以下の子どもなら120万人程度しかいなくなっています。

教習所などは以前は、少し待たないと入学できなかったところもあったし、大学が広告を出さなければ定員を確保できないということもありませんでしたが、今は「AO入試」と言いながら、面接だけで実質全入の大学も少なくありません。現在では、短大は全体で定員割れ、大学も学校によっては、定員を確保するのが難しいところが増えています。本来なら、大学の数や定員を大幅に減らせばよいのですが、硬直化したシステムか、あるいは、硬直化した考え方のせいでなかなかそれも進まず、体《てい》の良い若年層の失業対策のようになっています。

一方、塾も少子化の影響をまともに受ける業界ですが、日本全体の教育レベルを下げた「ゆとり教育」という美名のもとで小中学校の土曜日休校が決まってからは、評判の高い塾などでは売上が上がっているところもあります。また、少子化傾向が強い東京地区では、小中学校での私学への進学意欲が高いことから、一部人気のある塾では業績を伸ばしているところもあります。現在の塾のトレンドは、大教室の授業より、一対一で教える個別指導に人気が移っています。また、通信添削業界の雄のベネッセコーポレーションは、塾の買収などを進め、業界再編がこの業界でも進んでいます。

さらに、電車の広告では、有料老人ホームや病院も多いですね。こちらは急速に高齢化が進んでいることを反映しています。少子化、高齢化が日本経済に長期的にもたらす影響は大きいですが、このことについては、第五章で詳しく説明することにします。

余談ですが、文庫化のために、文章を修正していてつくづく思うのは、この6年ほどの間にも、少子化高齢化がさらに進んだということです。日本経済に少なからぬ影響を及ぼしつつあることはご存知のとおりです。

具体的にモノを見る

本章では、看板や広告を通じて分かることを説明しました。経営コンサルタントをしていて、部下や顧客企業の経営者にアドバイスしていることとして、「具体的にモノを見る、具体的に指示をする」、ということがあります。経営のひとつのポイントは「具体化」だと思っているからです。

例えば、会議で、ある商品が売れない原因を「値段が高い」というふうにだれかが発言したとします。その場合には、必ず、他のだれかが「どれくらい安くすれば売れるのか」と具体的に聞かなければなりません。「高い、安い」、「良い、悪い」というような漠然とした言葉を聞いたときには、それを具体化するクセをつけておくことが大切です。

さらに、平均値で見ると経営を見誤るということがあります。全体では良い数字になっている場合には、それぞれの細部を見落としがちになりますが、細かいパーツの積み上げが全体であって、全体を均等に割ったものは必ずしも、それぞれのパーツではないのです。だから、看板もそうですが、個別具体的に、ものごとを見る習慣が必要です。ただし、そうは言いながら、「木を見て森を見ず」とならないようにする注意が必要なことはいうまでもありません。個別に正確に見ながら、全体をも見るバランスが必要なのですね。

第三章——

ビルのクレーンが地価を教える

東京駅で並んだ「300系」（右）と「N700系」新幹線

新幹線からクレーンが見えるあいだは地価が下がる

この章ではもう少しマクロ的に新幹線から見える日本経済を見てみましょう。

品川駅ができた2003年当時、東京駅の新幹線ホームや新幹線の窓から都内の景色を見ていると、新しいビルがたくさん建っているのが見えました。東京駅周辺、汐留、品川などでは、ビル建設ラッシュといった状況でした。その後、しばらく景気拡大期があり、またビルが多く建ちました。

東京駅周辺では、丸の内側では、丸ビル、新丸ビル、日本工業倶楽部のガラス張りの高層ビルが竣工し、旧国鉄本社跡地や明治生命本社付近では、オアゾなど新たに高層ビルが建ちました。また、八重洲側では、日本橋口の駅ビルが完成し、その隣では鉄鋼ビルとの間に森ビルがビルを建設しましたし、その先の旧東急百貨店日本橋店の跡地には、メリルリンチの大きなロゴマークが掲げられた巨大ビル、コレド日本橋が建ち上がりました。新幹線の車窓からは、汐留、品川だけでなく、愛宕山のタワーや巨大な六本木ヒルズのビルも見えます。

都内で高層ビルが一挙に竣工し、ビルの賃料が下落する、いわゆる「2003年問題」が指摘されましたが、これだけ大型の新しいビルが建ち、景気後退期にもなると、ビル賃

東京駅周辺も「サピアタワー」（右手前）など大型ビルが次々と建設されている

料や地価が下落傾向になるのは当然でしょう。

私は、東京都心でビル建設のためのクレーンが新幹線から見えるうちは、東京のビル賃料や地価の下落傾向が今後も続くと思っています。そして、東京の地価動向は当然、地方にも波及します。これは、もちろん、需要と供給のバランスによるものですが、もっと大きく見れば、80年代後半に起こった「バブル」の逆の現象が見られるということにも注意が必要です。

（2003年以後、東京の地価は一部で上昇しましたが、それは実需というよりREIT〈不動産投信〉などによるファイナンス的な要素が強く、結果的には再度ミニバブルは崩壊し、REITも崩壊の憂き目にあっています）

「バブル」発生のメカニズム

ここで、1980年代後半のバブル経済がどのように発生したかを簡単に振り返ってみましょう。そのことが、これからの地価や賃料を考える上での大きなヒントになるからです。そのためには、1985年まで時間を遡る必要があります。

85年夏には、円安を修正するためのいわゆる「プラザ合意」が、ニューヨークのプラザ

ホテルで開催された主要国蔵相会議で決定されました。その背景には、自動車や家電製品をはじめとする日本製品がアメリカを席巻し、米議会の前では、日本製カセットレコーダーを斧で叩き壊すといったデモンストレーションまで行われるにいたりました。

おりから、米国はレーガン政権2期目で、財政赤字と貿易赤字のいわゆる「双子の赤字」是正に懸命に取り組んでいましたが、円安が日本からの製品輸出を助長しているとして、米国は円高誘導を強く主張し、日本もそれに合意しました。

プラザ合意では、それまで240円台だったドル―円の為替レートを円高に誘導することが決定され、その結果、一気に150円を超える水準にまで円高となりました（ちょうどその頃、アメリカに留学していた私は、留学前は円安、留学から帰るときは大幅な円高を経験しました）。

これだけ急激な円高になれば、輸出産業は大打撃を受け、「円高不況」が到来するとだれもが感じたものです。そのため、企業は大幅なコスト削減を余儀なくされました。一方、政府も円高不況を避けるために、公定歩合を下げ、市中の流動性を高めるべく、マネーサプライを増加させる政策を採りました。低金利でジャブジャブに資金を供給するという状況を作ったわけです。

マクロ経済的にはそのような状況でしたが、80年代半ばは、日本の市場開放が進み、それにともない金融機関をはじめとする外資系企業が本格的に日本に進出しようとした時期と一致していました。元々進出していた企業も少なくなかったのですが、業務拡大を図ろうとしたところも多くありました。

そして、彼らは、丸の内や赤坂あたりで賃貸するビルを捜し始めました。特に、外資系金融機関や弁護士事務所などは、グレードの高い、床面積の広いビルを求めました。赤坂のアークヒルズや大手町のAIUビルなどは人気でした。

しかし、東京駅近辺、特に丸の内あたりでは、ビルの供給が限られていましたから、そのようなグレードの高いビルの需要が増えれば、当然、賃料も上昇基調になります。不動産会社やデベロッパーは東京駅周辺や赤坂あたりで、ビルを買ったり、開発用の土地を捜し始めました。バブルに火が点こうとしたのです。

それに、金融機関が乗ったのです。先ほど説明したように、円高不況を避けるために、低金利で資金はジャブジャブに供給されていました。不動産業界も開発資金さえあれば、ビル需要が旺盛なため儲けが目に見えています。お互いの利害が一致し、ファイナンスが容易に付けられるようになった開発業者は、ビルの開発に血眼になりはじめました。

そして、次の段階として、ビルや土地を多くの人が買えば当然のことながら地価が上がります。そうなれば、賃料収入で儲けようと思っていたところも、もっと手っ取り早く買って、それを転売で売り抜けて儲けようとします。売り抜けなくとも地価が上がれば担保価値は増えるので、それを担保にさらにファイナンスが付き、それによりまた土地を買い、買うからまた地価が上がるという構図となりました。バブルが本格化したのです。

さらに、土地の価値上昇にともないファイナンス余力の付いた企業や個人は、土地だけではなく、株式、ゴルフ会員権などにも資金を流入しました。とにかく買えば上がるということで、サラリーマンまでもが自宅を担保にしたりして資金を借りて、土地、マンション、株式、ゴルフ会員権などへの投資が行われたのです。一億総投機家という状況になったのです。

バブルの崩壊

しかし、ご承知のとおり、バブルは崩壊しました。株価的にはバブルのピークは89年の最終取引日につけた、日経平均3万8915円87銭ですが、景気の異常な拡大を政府は長い間歓迎していました。政府としては、景気後退よりも景気拡大のほうが望ましいのはいうまでもありません。税収も増えるし、何よりも国民の満足度は高いからです。

そして、バブルが異常だとは感じながらも、長らく、緩和政策を続けましたが、短期間に地価が数倍にも急上昇するという異常な高騰などで、持つ者と持たざる者との格差が大きく広がり始め、政府は引き締め政策を取らざるを得なくなりました（引き締めが遅かったせいで、バブルの後遺症が大きくなったという説もあります）。

バブル期には、土地の高騰により、とてもサラリーマンでは都内でマンションすら持てない状況となりました。私が住んでいる世田谷あたりでも、短期間に4倍近く地価が高騰しました。不動産業者などが銀座で一晩１００万円使ったというような話もよく聞かれるようになりました。

私はその頃銀行員をしていましたが、同僚から、個人経営の不動産会社への貸付時に、現金で数億円を土地取引の契約場所に用立てし、その場で、売り手に現金を渡すとともに、仲介を手伝った数人に、１００万円の束をいくつも適当に渡していた現場に立ち会ったという話を聞いたのもその頃でした。

政府は、短期売買の土地の売買益に関して課税を強化するとともに、90年あたりからマネーサプライを絞り始めました。そして、一気にバブルは崩壊したのです。その後に残ったのは、銀行などの多額の不良債権と宴の後の余韻だけでした。そして、「失われた10年」とか「15年」と言われる厳しい時代が続いたのはご承知のとおりです。

現在の状況とバブル期との比較

ここまで、バブル発生とその崩壊の過程を見ましたが、それを現在の状況に当てはめるとバブル発生期とまったく逆の現象が起こっていることが分かります。この章の冒頭に、ビル建設のクレーンが新幹線から多く見える間は、地価が下落すると書きましたが、丸の内や赤坂など、都心の一等地のビル供給が増えつづける限りは、当然、ビルの賃料は低下します。そして、それに合わせるように地価も下落するのです。

後で説明しますが、地価が下落すれば、もし賃料が変わらないとすれば、新しいビルを作れば採算は上がりやすくなります。投資額が少なくて済むからです。しかし、そのことが近隣の既存のビルの賃料下落をもたらします。というのは、新しいビルが従前と同じような賃料なら、古いビルから新しいビルへの移動が起こるからです。

その結果、全体としては賃料下落や地価下落をもたらします。そして、地価が下がれば、さらに新しく建設したビルは収益を上げやすいからさらに新しいビルが建ち、また、その結果ビル賃料、ひいては地価が下がるという悪循環に陥ります。個々のビル建設に関しては経済的に合理的な選択をしていても、全体としては損失を被るという「合成の誤《ご》謬《びゅう》」が発生するわけです。

「合成の誤謬」とは、個々のミクロレベルでの意思決定は合理的でも、それをすべてまとめたマクロレベルでは、誤った判断となるという意味です。いずれにしても、景気が大幅回復し、ビル需要が増加するということがないうちに、都心一等地でのビル供給が続けば、日本全体で賃料も地価も下落傾向が続くことになります。

先にも述べたように、2003年以降も、REIT（不動産投資信託）がビルへの投資を増やしましたが、これも、景気後退期の不動産価格下落をより大きくする傾向を生みます。なぜなら、実需以上に投機資金が不動産を買い上げていたからです。

バブル期に、なぜインフレが起こらなかったのか

80年代後半に発生した「バブル」に関して私はひとつ疑問があります。それは、その当時、政府は円高不況を避けるために低金利政策を採った上にマネーサプライ（正確にはハイパワードマネー）を多く供給しましたが、経済成長率よりもずっと高い伸び率でマネーサプライが増加すれば、通常はインフレが起こると考えられるからです。それが、インフレが起こらずに、「バブル」が発生したのです。インフレとは、物価が全体的に上昇することです。言い方を換えれば、貨幣価値の下落です。

実体経済に比して、通貨量が増加すれば、相対的に通貨の価値が下落します。これがインフレです。だから、円高不況回避のために政府が採った方策はインフレを招く恐れがあったのです。しかし、起こったのはバブルであってインフレではありません。このことは、その後、日本が苦しんだデフレ脱出の大きなキーになる可能性があります。そして、今回のサブプライム後の世界同時景気後退でも、今後「デフレスパイラル」を経験する可能性があります。

インフレが起こらずにバブルが発生した原因は、経済の成熟度と大きな関係があるのではないかと私は考えています。つまり、衣食が足りている状況においては、通貨供給量の増大によっても一般品の価格上昇はそれほど起こらないのです。皆、必要最低限のモノは確保しているので、先を争って買う必要がないからです。

さらに、日本経済のグローバル化（これは、後に述べる「日本国内の国際化」とは違う）は、中国はじめ東南アジアなどから日本製品に比べて安い商品の流入を促しました。

このことは、インフレ圧力が強まっても、海外からの安い商品の流入によりその圧力が抑えられるという構図を作っています（ですから、インフレが起こるとすれば資源インフレしか起こりにくいと考えられます）。

また、世界的な供給過剰は、工業製品の価格下落をもたらしやすい傾向にあります。そして、余った資金は、インフレを起こすのではなく、土地や株式の価格を押し上げました。一般商品の価格が上昇せずに、投機的な商品の価格が上昇したのです。いわゆるバブルです。

このことを考えると、デフレを脱却するには、金融政策だけでは不十分なことが分かります。マネーサプライをいくら増やしても、デフレがインフレに変わることを期待することは難しいからです。せいぜい、土地や株価が上昇するだけです。それだけでも十分と考える方もいるかもしれませんが、これも、経済に実力がなければ長続きせず、ミニバブルが少し起こり、またもとの状態に戻ってしまうということだけでしょう。

本質的にインフレ傾向を定着させるには、①国内経済の基盤の強化、②内外価格差の是正が必要です。

余談ですが内外価格差の是正は、このところの円高もあり、結構進んだ感じもしますが、日本の商品価格の下落だけで起こるわけではありません。海外、特に中国製品の価格の上昇によっても同じ結果がもたらされます。そう言った意味においては、人民元の切り上げは日本をデフレから脱出させる大きなきっかけになる可能性があります。

「合成の誤謬《ごびゅう》」

先ほども、少し説明しましたが、「合成の誤謬」とは、個々（ミクロ）の活動は合理的なのですが、それをすべてまとめてマクロ的に考えると全体としてはマイナスの結果が出ることを言います。

例えば、企業が業績を上げるためにリストラを行うとします。リストラにより企業の経費は削減され、企業業績は向上します。しかし、各企業が同様にリストラを進め企業業績を向上させようとすると、国全体では失業率が上昇してしまうこととなり、それにより個人消費が減少するということになれば、企業業績の向上よりもマイナスの結果をマクロ的にもたらすことにもなりかねません。

同様に前に述べたビルの建設でも、ミクロ的には地価が下落した土地を購入し、競争激化で安くなった建設費でビルを建てれば、個別のビル自体の採算を確保することはできます。しかし、そうやって多くのビルが建つと、今度はビルが供給過剰となり、ビル賃料全体が下落して、築年数の古いビルをはじめとして多くのビルが採算割れを起こすということになりかねません。

そうすると、地価がさらに下落します。またそれにより、新たに建てたビルは従来より安く建てられるためテナントも集まり、採算に乗りやすいですが、さらにマクロ的にはビルの賃料が下落するという悪循環に陥ります。

こうした合成の誤謬が発生する場合には、政策的に歯止めをかけないと、悪循環がずっと続くことにもなりかねません。ミクロレベルでは当然企業は合理的行動をとろうとしますが、マクロ的にはマイナスとなる可能性が高い場合には、政策的な配慮が必要となるのです。

例えば、先ほどの企業がリストラを行うケースでは、政府が雇用助成金や失業手当を厚くしたり、離職者の再就職を支援するなどの方策を採ることにより、失業者救済、ひいては消費の落ち込みを小さくする努力が必要となります。そうして雇用のセーフティネットを活用している間に、多くの企業の業績が回復すれば、その後雇用が回復します。

ビル建設に関しては、政策的に制限を加えるのが妥当かどうかの慎重な見極めが必要ですが、継続的地価下落がマクロ経済に悪影響を及ぼすと判断した場合には、新規ビル建設の容積率を厳しくするといった、供給制限を行うなどの措置が必要となる場合もあるでしょう。

余談ですが、今新幹線の中で、この文庫化のための原稿修正を行っていたら、08年度の不動産の証券化が07年度に比べて65％減少というニュースが、新幹線の扉の上のニュースに出ていました。金融危機でファイナンスが収縮したことによるものです。

ビルと減損会計

ビル保有業者にとってもうひとつ頭の痛い問題があります。それは、2006年3月期から減損会計が導入されたことです。時価会計と減損会計を混同している人も多いかもしれませんが、考え方は似てはいますが内容は大きく異なるものです。

まず、時価会計は有価証券やデリバティブズを対象とします。それらを期末時点で時価に評価換えするものです。時価が簿価より高くても低くても評価換えをし、原則、その評価損益を損益計算書に反映します。

一方、減損会計の対象は固定資産です。事業用不動産などがその主な対象となります。事業用不動産などの価値が下落した場合には、その価値を減ずるのです。不動産の価値を測定する方法は、その不動産が将来生み出すキャッシュフローから計算されます。平たく言えば、その不動産などの将来の収益力から価値を計算するのです。ですから、高い費用をかけてビルなどを建てても、賃料が下落すると減損処理を行う必要が出てきます。減損とは簿価を引き下げ、その引き下げ分を損失として計上することをいいます。

これは、バブル期など、地価の高いときにビルを建てた企業には大きなダメージとなります。特に、多くのビルを保有する不動産業界や生命保険会社は、減損会計の影響が少なくありません。

販売用の不動産に関しては、2001年に商法上の強制評価減をやったときにも大きな問題となりました（減損会計は上場企業に適用されるものですが、商法〈現、会社法〉上の強制評価減はすべての企業に適用されます）。

販売用不動産は業務用の不動産とは違い「在庫」です。したがって会社法の規定により、その価値が大幅に（5割程度）下落し、かつ、回復の見込みがないと判断された場合には、やはり減損処理を行います。これを強制評価減といいます。

２００１年あたりには、販売用不動産を多く持つ、ゼネコンや不動産業界が大きな打撃を受けました。この減損処理により債務超過となるのを避けるために、銀行に債権放棄を依頼してその免除益により債務超過を辛うじて免れたゼネコンも少なくありませんでした。そして、それらの企業の中には、販売用不動産（流動資産）を事業用（固定資産）に科目換えすることによって損失が出るのを免れたところもあると聞いていますが、減損会計が導入されるともはや逃れようがなくなってしまいます。

ビル供給が増えそれにより賃料が下がると、既存ビルの価値が下がり、減損処理を行い、それにより企業業績が下がり、景気が悪化、さらに賃料下げ要求が強まるという悪循環も懸念されます。

余談になりますが、私は景気が十分に回復していないこの時期での減損会計の導入には反対でした。会計は経営状況を図るための手段であり、その手段に経営や経済があまりに翻弄されることは本末転倒だからです（このあたりの事情に関しては、拙著『会計不況に克つ！』〈東洋経済新報社〉に詳しく説明しています）。

日本国内の「国際化」

新幹線に乗ると外国人の姿を多く見かけます。観光客も少なくありませんが、ビジネスマンも多いです。このことが実はビル建設と少なからず関係があります。不況にもかかわらず、都心にビルが建ちつづけている背景には、「日本国内が」急激に国際化していることが大きいと私は考えているからです。

「日本は以前から国際化しているのではないか」と疑問を持たれる方も少なくないと思います。確かに日本経済は国際化してきましたが、長い間、「海外で」国際化してきたというのが正しい表現でしょう。つまり、トヨタ、ホンダ、ソニーといった企業が海外で事業展開するのが日本の国際化だったのです。

しかし、現在の日本で起こっていることは、「日本国内が」国際化しているのです。つまり、これまで海外で国際化し、日本国内だけは日本ルールで経済や経営が運営されていたのが、国内で国際化が進んでいるのです。だから、これまで、国際化とは縁のなかった企業までもが国際化の波にさらされています。例えば、流通では、世界第一位のウォルマートが西友を実質的に支配することによって日本進出を果たしました。トイザらスなどの進出はあったものの、これまで、外資との本格的な競争を知らなかった日本の流通業が今後は外資と国内で真っ向からぶつからなければならなくなっています。

スティールパートナーズがサッポロビールはじめ日本企業の株式を大量に購入したのはご存知のとおりです。その他、外資系企業やファンドが保有している企業もずいぶん増えました。生損保もカタカナ生保がどんどん進出していて、これまでの競争環境が大きく変化しはじめています。

流通や生損保といった、国際化が遅れたり規制で守られていた業界だけが日本国内の国際化の中にいるのではありません。すべての産業が日本国内の国際化の真っ只中にいるのです。例えば、自動車業界。自動車メーカーでも、日産（ルノー）など外資がオーナー、あるいは外資と提携関係にあるところは多いのです。また、ソニーやキヤノンなどの一般的に国内資本と呼ばれている企業でも、外国人持ち株比率が高い企業も少なくありません。

外資の進出基準はいたって明快で、「儲かるか儲からないか」、ただ、それだけです。儲かると思えばやってくるし、そうでなければやってこない。だから、これまで、規制などで守られていた業界では、外資との競争が激しくなることは必至です。

銀行もサブプライムを震源地とする世界同時不況で大変ですが、これからが本当の競争の始まりです。死語になった観のある、「金融ビッグバン」の真っ只中にいることを忘れてはならないのです。儲からない業界はそれだけでもしんどいですが、これまで儲かっていて外資が進出してきた業界からの締め付けも厳しくなるので、余計にしんどくなることが考えられます。

しかし、日本国内の国際化は、しんどいことばかりではありません。なぜなら、この国内の国際化に勝てる企業は、世界のどこでも勝てる企業だからです。これまで以上の業績を上げることができる企業も出るでしょう。このことは、二極分化をますます早め、勝ち組と負け組とがはっきりと区別されることを意味します。海外で本当の国際競争に揉まれてきたなどで真の実力のある勝ち組企業はますます強くなり、規制で守られていただけの実力のない企業はどんどん弱くなって衰退していくことになりそうです。

パシフィックセンチュリープレイスと外為法改正

日本国内が急速に国際化している直接的なきっかけとしては、世界経済のグローバル化がありますが、より実務的に考えれば、外為法改正が大きな役割を果たしたと言えます。また、国際会計基準導入も外資の進出をより容易にする働きをしています。

あまり多くの人が認識していないことですが、98年にわが国でも金融ビッグバンが始まりましたが、そのフロントランナー（第一走者）として、同年4月1日に外為法が改正されました。それまでは、原則「管理」だった国内から海外、海外から国内への資本移動が、その日を境に原則「自由」へと変更されました（それまで外国為替管理法と一般に呼ばれていたものから、「管理」の名がその日から取れました。「名は体を表す」ではないですが、この名称の変更は資本の移動が原則、管理から自由へと変更したことを象徴的に表しています）。

多くの読者はこのことを意外に思うかもしれませんね。「日本はずいぶん前から資本移動を自由化していたのではないのか」と。しかし、実際に資本移動が完全に自由化されたのは、今から約10年前の98年4月なのです。そのときから、日本の居住者でも自由に海外に口座を開けるようになったし、海外からの送金も原則自由ということになりました。

東京駅の新幹線ホームに近い八重洲南口を出たところに、高層の「パシフィックセンチュリープレイス」のビルが建っていますが、このビルは香港第一の財閥グループが、外為法が改正された直後の98年4月に土地を買収してビルを建てたもので、外為法の改正を象徴的に表すものなのです。

98年以降急増した対日直接投資

外為法が改正された98年以降、わが国への直接投資が急増しました。それまで、年度ベースで1兆円を超えることのなかった対日直接投資が、98年度にはじめて1兆円を超え、99年度2兆円、2000年度には3兆円に達しました。

外為法の改正だけがもちろん、対日直接投資増加の原因ではありませんが、外為法改正が果たした役割は大きいと言わざるをえません。

先ほども述べましたが、金融ビッグバンのフロントランナーとして外為法が改正されましたが、これは、日本経済の外堀を埋めたと言ってもよいでしょう。外為法改正で、資金の出入りを自由にしてしまえば、後は、外資が「儲かる」と思った市場や業種に好きに参入することができるからです。それは、金融に限らず、規制で守りつづけている業種を除いたすべての業種の「日本国内での」国際化を意味しています。

金融ビッグバンは、銀行の不良債権問題が大きな足かせとなって、長い間十分に進みませんでしたが、実は、それよりも、もっと本質的で、より日本経済が大きな影響を受ける「日本国内の国際化」が、急速に進んでいるということを見逃してはなりません。

余談になりますが、98年の外為法改正前には、「急激な円安」になると予想した専門家が少なくありませんでした。それは、外為法改正を機に、国内にあった当時1200兆円と言われた個人金融資産の一部が海外に出ていくので、円が売られると予想した人が少なくなかったからです。

しかし、実際には、98年4月に125円程度だった円は、夏場にかけて一旦、145円程度までの円安となったものの その後は、100円くらいまでの円高となり、一進一退を繰り返しています。これは、海外に流出した資金もさることながら、投機資金や海外から国内への資金流入による円買いが起こっているからです。

「日本国内の国際化」を促した冷戦構造の崩壊

外為法改正が日本国内の国際化の大きなきっかけとなりましたが、もっと大きな流れとして、なぜ、日本国内の国際化が進んだのかということを考えるときに、冷戦構造が崩壊したことが重要だと私は考えています。

この認識がなぜ重要かというと、「失われた10年」を含めそれ以降の日本経済の低迷が、バブル崩壊がきっかけだと考える人が多いのですが、そういうふうに考えると、バブル崩壊の影響がなくなれば、日本経済は、また以前の巡航スピードに戻れるという「錯覚」に陥ってしまうからです。実際、バブル崩壊の影響はほぼ消えた現在でも、日本経済は以前の巡航スピードが出ていませんし、今後も出る可能性は低いと私は考えています。

しかし、冷戦構造の崩壊が、現在の景気低迷の本当の原因だと考えれば処方も当然違ってきます。つまり、日本が、「奇跡」とまで言われた経済成長を遂げたのは、冷戦構造による部分が大きいと考えれば、今後、冷戦構造が復活する可能性は極めて低いため、よほど徹底した真の意味での構造改革でも行わない限り、日本経済がバブル以前の巡航スピードに戻ることは困難と言わざるをえないのです。

冷戦時代は遠い昔のように感じられますが、少し振り返ってみましょう。朝鮮戦争からベルリンの壁崩壊、そして、91年のソビエト連邦の崩壊に至る期間、米国は、日本、台湾、韓国が経済的に困窮することを避ける必要がありました。もっと積極的に、「防共の砦」としてこの三カ国に対峙する共産国に対して、資本主義の素晴らしさを「見せつける」必要があったとも言えます。そのために、これらの国々の経済の繁栄が米国や他の先進資本主義諸国にとっては安全保障上も極めて重要でした。

ただ、日本以外の台湾、韓国はそれぞれ、中国、北朝鮮と直接軍事的に対峙する必要があったことから、軍事に経済的、政治的エネルギーを使わざるを得なかったのですが、日本は、占領軍が実質的に制定した憲法第9条の規制があり、軍事にエネルギーを使うことなく、有利な環境の中で経済に集中することが可能でした。台湾も韓国もともに、大きな経済発展を遂げましたが、日本ほどではなかったのはこの軍事的理由によるところが大きいと考えられます。

そして、89年秋のベルリンの壁崩壊を機に冷戦構造が崩壊しました。冷戦構造崩壊と日本のバブル崩壊がほぼ重なったのは歴史的偶然なのかそれとも必然なのかは、歴史学者が後世実証するところだと考えますが、いずれにしても冷戦構造は崩壊し、日本経済も崩壊しました。

冷戦構造崩壊後は、米国大統領が訪日するたびに、自動車部品の海外からの購入、半導体の海外からの調達などを迫り、また、「外圧」に乗じた日本国内の勢力もあいまって、先ほどから説明している外為法改正や国際会計基準導入が行われるにいたったのです。

なぜ、このような認識が大切かといえば、先ほども説明したように、バブル崩壊以降の日本経済の低迷をバブル崩壊によるものと考えれば、バブル崩壊の影響を取り除けば、日本経済は元の巡航スピードに戻ると「錯覚」してしまうからです。しかし、冷戦構造の崩壊だと考えれば、政府はさらに根本的な対策を講じる必要があるというふうに考えざるを得ないし、企業経営の戦略も違ってくるからです。

そして、こうした認識を持てば、このままの状況では、「失われた10年」が「失われる20年」となってしまうことも分かります。政府は金融問題を解決することに多額のお金とエネルギーを費やしました。もちろん、経済を崩壊させないためには金融の安定は必須ですが、それだけでは、「失われる20年」から脱却することは難しいといえます。

「国際標準の経営」とは？

そこまで言うのなら、「解決策を示せ」といわれる読者の方がいらっしゃるかもしれませんね。まず、経営コンサルタントとしての企業経営のための処方を説明しましょう。それは「国際標準の経営」を行うことです。「国際標準」、「グローバルスタンダード」という言葉がある種の「思考停止」を起こすという指摘がありますが、私は必ずしもそうとは思いません。思考停止を起こすのは、「国際標準」という言葉が意味するところを具体化することなく、「なんとなく分かったような気分」になってしまっているからでしょう。同様のことは「構造改革」にも言えますね。

構造改革というと、それが何を意味しているのかを具体的に論じることなく、改革論者は錦の御旗のようにそれを掲げて非改革論者を「抵抗勢力」と一方的に悪者と決めつけているし、他方、個別の分野で改革に抵抗する勢力はどんな意味での構造改革をも否定するという、宗教戦争的全面対決で、端から見ていると滑稽な思考停止をお互いに演じているとしか思えない場面がありました。

構造改革は、具体的に何を行うかをきちんと決めた上で、個々の是々非々やプログラムを決めていかなければなりません。なぜなら、「変わる」ことは目的ではなく手段だからです。構造改革は長期的に日本国民が幸せになるための手段なのです。手段が目的化すればそれは間違いを犯すもとですが、手段を真っ向から否定するのも間違っていると思います。いずれにしても、構造改革も「死語」となりつつあるのは、中途半端でもったいないような気もします。

話を国際標準の経営に戻しましょう。私が思う国際標準の経営とは、①「お客さま優先経営」、②「キャッシュフロー経営」です。国際標準の経営というと、「株主優先経営」ではないかと思う人もいるかもしれませんが、それは、あまり勉強していない経済紙記者の書いた文章を信じているからです。国際標準の経営は「お客さま優先経営」です。

どんな企業でもお客さまから利益を得ない限り、存続が危ういのは明らかです。お客さまから利益を得ない限り、繁栄はありえません。その当たり前のことを理解して、お客さまを最も優先する経営が国際標準です。

もちろん、私は従業員さんや株主さんを軽視しているのではありません。お客さまを大切にして十分な利益が出れば、当然、株主さんも従業員さんにも報いることができます。しかし、株主さんや従業員さんを優先していては、最も大切なお客さまが離れてしまう可能性があります。さらに、「シリコンバレー流」の会社自体を商品のように扱い、会社を転売する株主の利益を最優先するような経営では会社が荒れてしまい、結局だれのためにもならないということは、ネットバブル崩壊やサブプライム危機を見ても明らかです。

世界的に見ても、ジョンソン・エンド・ジョンソンは会社の優先順位を「①顧客、②従業員、③社会、④株主」と規定していますし、ゴールドマン・サックスも社是の第一に「ゴールドマン・サックスは、顧客の利益を最優先する」としています。

日本でも、消費不況の中で百貨店としては高いパフォーマンスを出している伊勢丹では、大分以前から「売り場」という言い方を「お買い場」というふうに改め、「売る」という視点から「買っていただく」というお客さまの視点に移しています。

このことがよく分かっている会社は、お客さまを大切にして、まずお客さまを幸せにし、その結果、会社、従業員、株主に幸せをもたらすという経営を行っています。これは、古今東西ビジネスにおける基本で、このことを分からずに、いくら理論的にビジネスを論じても、所詮空理空論だというのが、私が経営コンサルタントとして感じていることです。

さらに、もうひとつ国際標準の経営として、キャッシュフロー経営も大切です。お客さまを大切にしてキャッシュフローを稼ぎ、それを未来投資、財務改善、株主還元などに有効に使うのがキャッシュフロー経営の根本です。

会社の財務的な価値は将来のキャッシュフローで決まるので、キャッシュフローを稼いで人材投資を含めた未来のための投資を行わないと企業の価値は上がりません。負債が多いと倒産リスクが高くなります。既存の株主さんには、配当や自社株買入れ償却といったことで還元していくのです。そして、長期的にはそれを自社が稼ぎ出すキャッシュフローで賄《まかな》うのです。そうすれば、企業はどんどん強く、そして良くなっていきます。

以上のような基本的なことを理解して経営していけば、企業業績は向上するし、ひいては日本経済も発展すると私は考えます。

マクロ経済とミクロ経済

私は、国全体のマクロ経済というものは、ある意味実体のない「概念」だと思っています。確かにマクロ経済というものは存在はしますが、それはミクロ経済（家計や各企業の業績など）を積み重ねたものが全体として見えているものに過ぎないからです。

逆の言い方をすれば、ミクロを積み上げたものがマクロですが、マクロを割り算したところでミクロにはならないのです。したがって、マクロの政策はミクロがベストのパフォーマンスを出せるようにすることが重要で、政府がマクロ経済に大きく介入して国全体の経済を何か大きく改善できるという錯覚は捨てるべきでしょう。

ミクロがベストパフォーマンスを出せば、その結果マクロも良くなるのです。ただし、三つの点でマクロが果たすべき役割があります。ひとつは、先に述べた合成の誤謬が起こっている状況での政府の介入です。そうしなければ国全体でのパフォーマンスが落ちてしまいます。

また、需給ギャップ（需要と供給のギャップ）が存在する場合には、政府支出を増やすことにより、そのギャップを埋めなければ不況が長引いてしまいます。サブプライム危機後のような緊急時（45兆円の需給ギャップがあった）には必要なことですが、日本の財政状況が先進国で一番悪い状況下では、財政赤字を増やしてまで財政出動するのが良いかどうかという十分な議論も必要です。

ＧＤＰの１７０％近く（約８５０兆円）にまで増加した財政赤字ですが、機動的に財政支出を行うことにより、より早く景気が回復するか、あるいは、カンフル剤が必要な場合には、財政支出を行うべきだと私は考えます（この本の２００３年の初版では、日本の財政赤字がＧＤＰの「１４０％」〈約７００兆円〉となっていることを考えれば、この間、さらに大きく財政赤字が増えていることは大きな懸念材料です）。

第三は、公平性の観点からの政府の介入です。ミクロは効率性と、自己のベストパフォーマンスを追求しますが、それが社会的な公平性を欠く状況に陥りそうな場合には、政府のミクロへの介入が許容されます。例えば、バブル期に地価が異常に高騰したような場合には、個人や個別企業の投機的な土地取引を放置すれば、「持つ者」と「持たざる者」の格差が大きく開き、大きな社会問題となってしまいます。

こうしたときには、短期の土地取引に重加算税などを課すことなどにより、ミクロのパフォーマンス追求よりも公平性を確保する必要があります。それ以外の場合には、政府はミクロのパフォーマンスを最大限に出させる施策を採る、あるいは何もしない、ことを心掛けるべきでしょう。

根本には教育の問題がある

真に国際競争力のある企業を作り出すことが重要ですが、そのためには、まず、それに耐えられるだけの人材作りが何よりも不可欠です。しかし、電車の中でも立っていられないか、立っていたとしてもマンガしか読んでいないような若者しか作れないようでは、「失われる21世紀」となりかねないことを懸念しているのは私だけではないでしょう。

教育問題は「国家百年の大計」であることは明らかで、このことは大いに議論すべきことなので識者に議論を委《ゆだ》ねますが、「ゆとり教育」がわが国のあり方を悪いほうに大きく変えてしまったことだけは指摘しておきます。

資源のないわが国がこれから先もこの繁栄を維持するためには、優秀な人材が必要なことはいうまでもありません。もちろん、勉強だけではありませんが、勉強に秀でるもの、運動に秀でるものなど、世界レベルで通用する人材の育成が必要なのです。それなくして、日本の将来の繁栄はありえません。

勉強に落ちこぼれて、学校で荒れる子どもを相手にするのを教師が恐くて、それを避けるために全体をできない子にしてしまうための「ゆとり教育」を進めたとは言いたくはありませんが、教えるのが下手ならもっとうまい教師に換えればよいのです。民間では優秀な人材もリストラにあっているのに、公務員は一旦採用されたら一生安泰などという制度があるから、「ゆとり教育」などと訳の分からないことを言い出す奴が出てくるのです。教えられない教師など自己矛盾で、教師の改革をせず、プログラムだけを緩めるなどは論外です。また、教師の改革もせず、テストの採点だけを厳しくして質を維持しようとするなど、これも論外ですね。いずれにしても、教師の質を高めることがまず大切です。企業でも二流のリーダーのもとに一流の部下は育たないのと同様に、二流の教師が一流の生徒を育てられるとはとても思えません。

日本の二流大学がいつまでたっても二流なのは、自校出身者の教員を多く採用していることにも原因があると思います。米国のように優秀な他校出身者をどんどん採用する姿勢が重要ですね。

メモをとる

客観的にモノを見ることができるかどうかは訓練や習慣に拠るところが多いと私は思います。私は、客観的にモノを見るような習慣をつけるためには、メモをとることをお薦めします。私もそうですが、思い込みは多いものです。「こうだ」と思っていても実際は違っていることも多いし、忘れてしまうことも少なくありません。

メモをとれば、そのような思い込みや忘れることを防ぐことができます。実際に過去にメモをとったことを読み返してみると、思い違いをしていたり、忘れてしまっていることも多いものです。ノートを一冊常に持っていると、意外と重宝するものです。私が新幹線沿線の看板数をメモしているのも普段持っているノートですが、ノートにメモすることによって、客観的に物事を捉える第一歩がまず踏み出せるのではないかと思っています。

第四章——

新幹線の空席と景気の関係

次々と新型車両が開発されるが、「300系ひかり」もまだまだがんばっている

隣に人が座るかどうかも景気指標

先にも述べましたが、私は年に東京と地方を最低でも70往復くらいしています。車内ではゆっくりとしたいし、モノ書きをするので近距離でない場合には大抵グリーン車に乗ります（今も、のぞみの車内でこの原稿を書いています）。グリーン料金は東京―新大阪間で5150円と安くはありませんが、グリーン車の混み具合が景気の状況を表しているのでなかなか興味深いものがあります。

新幹線に乗るといつも気にしているのは、自分の隣にだれかが座るかどうかということです。混雑していれば隣に人は座るし、そうでなければ空いています。例えば、2003年6月には、私は、片道を1回と勘定して11回新幹線に乗りましたが、そのうち隣に人が座ったのは2回でした。単行本を書いていた2003年8月6日は大阪日帰りで、夏休みということもあり比較的混んでいましたが、行きは名古屋までは隣に人が座っていました。帰りはずっと空席でした。今（2009年5月）は、不況が深刻化しており、5月後半に私は6回新幹線に乗りましたが、まだだれも隣に座っていません。今年に入って、もう何十回も新幹線のグリーン車に乗っていますが、隣に人が座ったのは一度だけでした。

もう少し長期で考えてみると、正確なデータを取っていたわけではありませんが、20

01年から2002年の前半にかけては、ほとんど隣の席に人が座ることがありませんでした。この時期、日本経済は低迷に喘《あえ》いでいました。それ以降はたまにですが、人が座ることが多くなりました。

もちろん、新幹線に乗る日時や時間帯によっても状況は異なるでしょうが、景気の状況を映し出しているような感じがします。先に話した「看板」もそうですが、定点観察を自分なりの基準で行うと結構興味深く、楽しいものです（後から考えると、2002年あたりから、「戦後最長」と言われた景気拡大がはじまりました）。

こだまのグリーン車でお得感

「こだま」に乗るとグリーン車が結構混んでいることがあります。普段はこだまでは短距離の区間を乗る人が多いため、グリーン車はガラガラ状態ですが、このところ混んでいるときは決まって大手旅行社が主催している団体旅行客が乗っています。

先日も、浜松からこだまに乗ると団体の人たちと乗り合わせました。たまたま私の隣の席の人がその団体のツアコン（ツアーコンダクターの略、旅行社の人、念のため）の人で、私が静岡で「ひかり」に乗り換えるまでの間、向こうが話しかけてきたので、少し話を聞いてみました。

私が乗ったこの列車の場合、静岡でひかりに乗り換えると東京到着が少し早いのですが、その団体は名古屋から東京まで、こだまのグリーン車を使って移動するということです。結構高齢の人が多い団体でしたが、グリーン車利用というのが売り物らしいのです。私は結構せっかちなので、名古屋―東京間をこだまに乗るなどという発想すら浮かびませんが（「ひかり」にもめったに乗らない）、時間に余裕のある人なら、のぞみ（1時間40分）の倍くらいの時間がかかってもそれもよいかもしれませんね。

ツアコンの人に「JRは大手旅行社の団体旅行に安いグリーン料金を出しているのですか？」と尋ねましたが、その人は「仕入れのことは分からない」といっていました。通常4000円の名古屋―東京間のグリーン料金で、団体にはいくらで提供しているのかは私も知る由もありませんが、こだまのグリーン車が比較的空いているのなら、相当の値引きがあっても経営上は「固定費」は変わらないのですからよいでしょうね（ただし、通常料金で乗っている乗客には、騒がしいなど若干の不利益がある場合もありますが、……）。

また、別の日に浜松に講演に行くときにも、先日とは違う大手旅行社主催の団体旅行と乗り合わせましたが、こちらは、飛騨高山まで行くらしく、やはり、名古屋までこの列車

に乗るという説明をしているのが、近くの席に座っていた私の耳に入ってきました（ツアコンの人が車内で大きな声で説明をしたので）。東北新幹線などでは、個人のパック旅行でも少ない追加料金でグリーン車に乗れるというのもありますし、元々グリーン車の設定でお得な感じのするパックツアーもあります。

グリーン車、プレミアム席、ビジネスクラス

グリーン料金は距離によっても違いますが、だいたい４０００円くらいです。飛行機の国内線のプレミアム席は、以前は３２００円か４２００円でしたが、今ではプレミアムクラス（ＡＮＡ）やファーストクラス（ＪＡＬ）と名前を変えて、それぞれ８０００円程度です。それほど安くもありませんが、法外に高いというわけでもありません。

特に飛行機のプレミアム席は食事も出ますし、ビールやワインも無料ですから、食事を東京でも現地でも摂る暇のないときなどには重宝しますし、ちょっと得した気分にもなれます。短い時間でもリラックスできると大分違います。また、最近のプレミアム席は、隣の席との仕切りなどでプライベート感が強く、ゆっくりできます。

新幹線のグリーン車もＮ７００系では、座席も以前よりも工夫され、各席に電源やシー

トヒーター、手元の読書灯など、以前よりも快適感が増しています。

それに引換え高いと感じるのは、飛行機の国際線のビジネスクラスです。ヨーロッパ行きなどでは、エコノミーの割引き料金と50万円以上の値段の差があることも少なくありません(昨年も仕事で英国へ行った時には、燃油サーチャージも高かったのですが、航空券だけで90万円もしてちょっとびっくりしました。軽自動車なら買えます)。

エコノミーの価格が競争上大きく下がっている(十数万円程度)ということもありますが、席をアップグレードするだけで、エコノミー料金の何倍も取られるのには驚きます。

しかし、遊びに行くならともかく仕事に行く場合には、現地到着後のことを考えると十数時間のフライトならやはりビジネスクラスに乗りたくなります。その際に、私は、マイレージを使ってアップグレードすることが多いのです。アップグレードで確保できる席数が限られているので、ニューヨーク便など人気路線ではアップグレードできないこともありますが、貯めたマイルの使い方では、このアップグレードが一番「お値打ち」だと私は思っています(私は航空会社のクレジットカードを使っているので、カードを使って買った場合にも「ショッピングマイル」が貯まるので、マイルを貯めやすいということがあります)。

ちなみにファーストクラスでヨーロッパを往復すると100万円以上かかるらしいのですが、そこまで払うことには私には、経済的にも精神的にも大きな抵抗があります（でも、一度乗ってみたいですね）。

いずれにしても、グリーン車、国内線のプレミアム席、国際線ビジネスクラスなどの混み具合も景気を敏感に反映しています。サブプライム問題による世界同時経済危機以降、グリーン車も、プレミアム席も、ビジネスクラスも以前よりかなり空いている感じがしています。

新入社員にもグリーン車の銀行のその後

私は1981年に社会に出て銀行（東京銀行）に就職しました。就職先を選ぶ際には、他の企業などももちろん回りましたが、今は破綻してなくなった日本長期信用銀行で、「うちは、新入社員から移動はグリーン車です」と言われたことが記憶に残っています。

若い頃はもちろんグリーン車など乗ったことはありませんでしたが、その銀行では新入社員でもグリーン車で移動させていたようです。バブルの頃には、証券会社などでも若い人がグリーン車に乗っているのをよく見かけましたが、今では、役員クラスでもグリーン車を使わない企業が増えています（今回の不況時に聞いた話では、愛知県に本社がある某大企業が県外に出張するにも上司の許可が必要となった、つまり、県外にも出張を極力するなということで、グリーン車どころではない徹底ぶりだということらしいです）。

企業の業績が落ちると「３Ｋ」を節約すると言われます。「交際費、交通費、広告費」の頭文字です。その中で真っ先に節約するものは交際費です。そしてその次が交通費。業績が悪くても、出張や移動を減らすには限界がありますが、グリーン車やビジネスクラス利用を制限することはすぐにできることです。

もっと細かい企業では、通勤定期の支給においては、他の路線を使える場合には「都営地下鉄」を使わせないというところもあるということです。都営地下鉄は料金が高いからです。最近私を訪ねて来たある企業の担当者が「業績が落ちたので、移動にタクシーを使わせてもらえなくなった」と言っていましたが、企業業績が落ちると、交通費に手をつけたくなるものです。

私の会社のような小さな会社でも、交通費が月の経費の１割近くを占める時があるので、交通費といってもバカにならないのです。それと意外と通信費がかかります。通信の自由化で電話料金は下がっていますが、以前、携帯電話で多い人で月に8万円も使うことがあり、このあたりも会社できちっとチェックしないと旅行社や通信会社のために会社を経営していることにもなりかねません。

余談ですが、私のように小さな会社（現在は9人）を経営していると、経営者は良い意味でも悪い意味でも会社のお金は自分のお金と同じ感覚になるものです。ですから、私は、コピー用紙1枚でもムダにすれば「もったいない」と思います。サラリーマンの人はそんなことは思わないでしょう。私自身もサラリーマンをしていたときはコピー用紙をもったいないと思ったことなど一度もなかったからです。

私は都心を移動する場合などはタクシーをあまり使いません。電車のほうが安いし、時間も確実だからです。それと、短い距離を乗るのは、運転手さんに悪い気がするからです（これはバブルの頃に乗車拒否をされたことによるこちらの拒否反応かもしれませんね）。

もちろん、時間を節約したいときなどは、長距離でもタクシーを使います。例えば、夜に大阪や名古屋などから東京の自宅に帰るときには、たいてい新幹線を品川駅で降りて、タクシーに乗ります（品川駅ができる前には、新横浜駅で降りてそこから、自宅のある世田谷までタクシーに乗りました）。羽田空港からも自宅までだとたいていタクシーです。電車の半分くらいの時間でも帰ることができるからです。麴町のオフィスに戻るときは、時間が読めないのでモノレールとＪＲなどで戻ることが多いです。朝は、自宅からだとやはり時間が読めないのでタクシーは使わず、京急経由で行くことが多いです。

私は朝型人間なので、疲れている夜の時間帯に早く家に帰れることは大変助かります。また、東京駅や新宿駅の人ごみを避けられるという精神的なメリットも大きいです。

金融機関の凋落《ちょうらく》と金融ビッグバン

先ほど新入社員にもグリーン車を使わせていたという、今から思えば、金融機関にとって「夢物語」のような時代の話をしましたが、この本が最初に出た２００３年あたりの日本の金融機関の凋落は目を覆うばかりでした（最近でも、ある大手銀行の部長に話を聞いたら、以前はグリーン車が利用可能だったのが、今では普通車しかダメということになったと、ぼやいていました）。２００３年には、りそな銀行が実質的に破綻し公的資金が注入されましたが、大手銀行をはじめ、生保、証券など、昔の栄華は見る影もなくなった頃です。

例えば、当時、「財務格付け」と呼ばれる、各行の財務内容を9段階程度に分けて評価する格付けでは、ほとんどの大手銀行が最低の格付けにランクされ、そうでないところでも、最低からかろうじてひとつ上くらいにランクされていました。私が就職した81年当時では考えられなかったことです（今は、かなり回復しました）。

大手銀行はじめ、多くの銀行は延命のための無理な合併を行いました。私は、個人的にはこの10年間でのわが国の金融政策の最大の失敗は、「みずほ」などのような「大き過ぎて簡単には潰せない」銀行を作ったことだと思っています。システム障害が起こっただけでもあれだけ日本国中大騒ぎをしなければならないからです。

また、利用者の側から、選択肢がなくなったことも、特に企業にとっては大きな問題です。銀行の優位性が強まったからです。当時、銀行数が多い「オーバーバンキング」が問題とされましたが、本当に問題なのは、オーバーバンキングではなく、借入依存の企業などに過剰に貸し出す「オーバーローン」なのだと私は思っています。

１９９９年までの長い間、米国ではグラス・スティーガル法により、銀行の「州際業務」が認められていませんでした。州際業務とは州を越えて銀行が業務をすることです。ニューヨークのチェースマンハッタン銀行はハドソン川を越えて隣のニュージャージー州では自由に業務を行えなかったし、カリフォルニア州のバンク・オブ・アメリカは州内で主に業務を行っていました。

それは、銀行の巨大化によって産業支配をさせないという意味もありましたが、「大き過ぎて潰せない」銀行を作ることの米国経済にとってのリスクを金融当局が知っていたからです。その後、規制緩和で米銀グループの規模は大きくなりました。グループ内では銀行、証券、保険などの会社が持ち株会社の下にぶら下がり、各銀行の規模は邦銀ほどは大きくはないにもかかわらず、サブプライムの問題を引き起こしたひとつの元凶だと指摘されています。

日本でも、メガバンクが、証券をグループ化し巨大化していますが、私には将来の大きなリスクの火種となるようにも映ります。

そして、銀行（グループ）が大きくなったからといって顧客にはそれほど大きなメリットもなく、規模のメリットを出す前に、旧行同士の対立で業務効率は上がらず、旧本店顧客の統合をするだけの簡単なことにも何年もかかるという極めて低い事務処理能力、発想力やリーダーシップではどうにもならないと思われます。

それに大きな銀行が勝ち残るというのも幻想です。80年当時、世界で大きな銀行といえ

2003年と2009年の銀行の財務格付け

	2003年	2009年
東京三菱銀行（三菱東京UFJ銀行）	D	C
みずほ銀行	E	C
みずほコーポレート銀行	E	C
三井住友銀行	E	C
UFJ銀行	E	—
三菱信託銀行（三菱UFJ信託銀行）	D/E	B/C
みずほ信託銀行	E	C
住友信託銀行	D/E	B/C
中央三井信託銀行	E	C
UFJ信託銀行	E	—

フィッチによる　A：非常に強い
B：強い
C：適度に良好
D：外生的または内生的な問題を有す
E：非常に深刻な問題を抱える
（A〜Eの解説は一部省略。D/EはDとEの中間格付け、B/CはBとCの中間格付け）

ば、「フランス農業銀行」などに代表されるフランスの銀行が上位を占めていましたが、今、世界の金融市場でフランスの銀行の名を聞くことは、めったになくなりました。大きくとも、勝ち残れなかったのです。

2000年前後、生保もどんどん破綻し、とうとう、顧客に約束している「予定利率」までをも引き下げることができるという法律までできてしまいました。証券会社もバブルの頃は世界の一流と誤解されていましたが、また元の「株屋」に逆戻りで、ばくち打ちを相手に一喜一憂しながら低収益に甘んじています。こうして考えると「バブル」とは何だったのかと嘆じざるをえないのは私だけではないでしょう（そして、またサブプライムというバブルが繰り返され、そして、将来も繰り返されることでしょう。人間のお金に対する欲望はきりのないものだからです）。

そして、皆が忘れてしまっているのが死語になった観のある「金融ビッグバン」です。実は、日本は本当なら金融ビッグバンを確実に実行し、金融改革も進み、ロンドンのシティーのように金融が活性化し、それにともなって経済が活性化しているはずだったのです。

しかし、現実は「失われた10年」が「失われる15年」となり、景気拡大はその後ありましたが、サブプライム後の景気後退期には、先進国中最大の経済の落ち込みを経験しました。先に述べたように、冷戦構造の崩壊が経済低迷の最大のポイントだと私は思っており、そのことを認識した上で、小手先でない経済の構造改革を進めることが重要です。もちろん、欧米にすべてを倣《なら》う必要もなく、日本型の経済システムを作ることですが、それは、現在のままでよいということではありません。

一方、2003年当時、米国は不良債権処理を強く求めましたが、これにも注意が必要です。もちろん、米国にとっても、日本の金融の安定は好ましいことですが、その裏に米国金融機関の思惑が見え隠れするからです。不良債権処理が終わった日本市場を早く開拓したいという比較的まともな気持ちとともに、不良債権処理で「大儲け」ができること、不良債権処理で弱体化した邦銀や生保や他の日本企業を傘下に収めたいという思惑です。実際に、その後、米国の金融機関などが、日本市場を「ハゲタカ」のように席巻し、大儲けをしたことは記憶に新しいことです。

米国の思惑に上手く乗せられることなく日本の国益にかなった金融や経済政策を採ることが、わが国の政策当局に求められるところですが、米国かぶれや米国企業の代弁者のような者にそれを期待することは難しいでしょう。

タクシーの運転手さんに景気を聞く

私はタクシーを利用するときにも、運転手さんが気やすく話せそうな人の場合には、「景気はどうですか」と聞いてみます。そうすると、もちろん、それぞれの運転手さんの主観ですが、自分の車の乗車状況を考えてそれぞれに話してくれます。２００３年当時、多い答えが「これまでになかったほど悪い」というものでした。脱サラやリストラ、転職などで経歴の比較的浅い運転手さんが多いのですが、先輩から聞いているところなどをも総合して、「過去最低」という答えが多くありました。

先日横浜で乗った運転手さんは、「通常の丸1日（早朝から深夜までほぼ24時間）働いて翌日は休み、月に12日くらい出るというシフトでは、十分に稼げないので、夜だけ21日働いている」といっていました。昼間は渋滞などであまり走れず、距離も出ないので、その会社では昼間は女性や高齢者のパート乗務員を乗車させ、夜は所帯持ちにシフトしているのだということです。大阪で乗った高齢の運転手さんは、「年金生活者で、バイトとして昼間だけ乗るにはちょうど良い仕事だ」とも言っていましたが、所帯持ちが十分に稼ぐのが難しくなっているということでした。

そして、現在（２００９年初夏）では、さらにひどいという答えがよく返ってきます。

規制緩和で台数が増えた上に、この景気後退だからです。また、失業率が上がる中で、さらにタクシー運転手の希望者が増え、車の稼働率が上がるため、1台あたりの売上はさらに減る傾向にあると言います。

一方、最近、タクシーで感じることは、サービスが向上したことです。バブル期などでは乗車拒否されたこともありましたが、最近ではないし、接客態度も良くなったと感じます。不況期になるとタクシー台数は増えるといわれますが、規制緩和も加わり、競争の激化は今のところサービス向上につながっていると言えるのではないでしょうか（ただし、地方で競争の少ない地域では、いまだに時々不快な思いをすることがないとは言えません。最近も、大阪でタクシーに乗って不愉快な思いをしたので、100メートルも走らずに車を降りました）。

不況期でもなぜタクシーが増えるのかといえば、台数の増加でタクシー会社は損をしない仕組みになっているからです。

タクシーの運転手さんの給与は歩合の場合が多く、稼いだ料金の半分から60％くらいらしいです。そこで、少々乗車率が低くとも（もちろんこれにも限度はあるが）、とにかくタクシーの変動費と車の償却ができるくらいのそこそこの売上がある限り、台数を増やして24時間稼動させておくほうがタクシー会社にとってメリットがあるのです。

しかし、これもタクシー会社各社が同じ考えでどんどん台数を増やしていくと、第二章で説明した合成の誤謬と同じようなことが起こる可能性があります。つまり、各社にとって最適と思われる戦略（台数を増やすということ）を追求する結果、供給過剰となりやすいのです。

通常の業界では供給過剰となれば、価格が下がりますが、タクシーの場合まだ決まった価格を維持しているところも多いため、価格が下がらなければ、市場全体のトータルの需要は一定ですから、それぞれの車の乗車率が下がるということになります。結局は総額で同じ需要量を、台数を増やすことによりさらに小さく分け合っていることに変わりはないのです。

需要の価格弾力性

今、価格を下げなければ全体的には同じ結果となると書きましたが、「価格が下がれば、需要が少し増えて全体として同じ売上となるのではないか、あるいは値下げにより総売上高は減るのではないか」という疑問を持たれた読者の方もいらっしゃるかもしれませんが、それはケースバイケースです。

売上は、「数量×単価」ですから、価格（単価）が下がっても需要がそれ以上に伸びれば、総額の売上高が増加します。例えば、タクシー料金が2割下がれば、東京では現状710円の初乗り運賃が570円程度となります。それで、タクシーへ乗車する人が増え、実車での走行距離が3割増えれば、総売上高は増加します。

経済学では、価格の上下によって、どれだけ需要が増減する（正確には減増する）かを「需要の価格弾力性」といいます。弾力性が高い商品は、価格が上がれば需要は急減するし、逆に価格が下がれば需要は急増します。一方、必要最低限の生活必需品のような商品は、少々値段が上がっても買わなければならないので、価格弾力性は比較的小さいといえます。

ただし、この需要の価格弾力性に関しては、ライバル商品との関係も問題となります。例えば、タクシーで言えば、同一地域のバスや鉄道料金などです。バスや鉄道料金が比較的高い場合には、タクシー料金が少し下がるだけでもタクシーへのシフトが起こりやすい。しかし、バス料金などがタクシー料金に比べてかなり安い場合には、少々タクシー料金を下げても、タクシーへのシフトは起こりにくいのです。逆に、タクシーしか利用できない地域や状況だと価格弾力性は小さいということになります。

また、深夜などで公共輸送手段がなくなった場合には、タクシー料金との競合は、サウナ、カプセルホテル、ホテルなどとなる場合もあります。いずれにしても、価格が変わることにより、他のライバル商品や自分の懐具合との兼合いなどから需要量が変わっていくのです。

2007年12月に東京ではタクシーの初乗り運賃が660円から710円となりました。この値上げは結局間違いだったと私は思っています。タクシー運転手さんの生活を守るためということでしたが、結局は売上がダウン。やるべきは台数をもう少し制限して、660円という初乗り運賃を維持したほうがよかったのです。そうすれば、需要は変わらなかったわけですから、台数が減った分だけ、1台あたり、つまり、運転手さんひとりあたりの収入は増えたはずです。

低価格タクシーの登場

「価格」についてもう少し考えてみましょう。

このところ、低価格のタクシーを見かけるようになりました。東京でもワンコインタクシーと称して、初乗りをワンコイン（500円）で提供しているタクシー会社がありま す。大阪で堂島あたりの御堂筋を夜に歩いているとタクシーが大量に客待ちをしている光景に出くわしますが、それらのタクシーの屋根の上のサインをよく見ると、「5000円以上3割引」「5000円以上半額」など各社により値引き額が違った表示が見えます。大阪では初乗り運賃が安いタクシーもたくさんあります。

以前、東京に京都のMKタクシーが初乗り運賃を下げて参入してきたときにも話題になりましたが、規制緩和の影響で値下げや独自の価格設定を行うタクシー会社が徐々に現れています。

しかし、安いタクシーを拾おうと思っても、街で流しているタクシーでどれが安いのかを探してそれを拾うのは困難です。それがいつ来るのかが分からないわけですから、なかなか拾いようがありません。MKなどを利用する人の多くは電話でそれらの会社に連絡し、無線配車してもらっているということです。今述べた大阪の堂島の状況だと、客待ちをしているタクシーがたくさんあるので、自分が気に入った会社のタクシーを選びやすいでしょう。

「アベイラビリティー」というのは利用可能性ということですが、いくら安いタクシーを拾いたいと思っても、そのアベイラビリティーを高めておかないと利用することはできません。さらに、安いタクシーが存在することを知らないという人もいるかもしれません。そういう人には、それを告知するということも大切です。「情報の非対称性」といって、売り手側は知っていても買い手側は知らないということも往々にしてあるからです。そういう場合には、「知ってもらう努力」を行う必要があります（章末の「ＡＩＤＭＡ」の説明を参照してください）。

価格はどうやって決まるか

マーケティングの価格理論も興味深いものがあります。価格の最低限は、長期的には商品やサービスを提供する供給者のコストを下回ることはありません。長期的に価格がコストを下回れば、採算が立たなくなり事業の継続ができなくなるからです。もちろん、短期的には、ライバル企業との関係や代替商品の出現、また、仕入れの一時的高騰などによりコストを下回る価格設定を行わなければならないこともありますが、それは長続きはしません。いずれにしても、長期的な価格の下限はコストということになります。ただし、これについても単にコストといった場合にどこまでのコストを指すのかという問題があります。

コストには「固定費」と「変動費」があることはご存知だと思います。固定費とは生産高が増えても変わらずに固定的にかかるコストです。例えば、事務所の家賃や長期雇用の従業員の給与などです。一方、変動費は、原材料などのように生産高に応じて比例的に増加するコストです。

固定費をある一定の生産量でカバーできているような場合には、それ以上に生産した商品に関しては、変動費をカバーすれば採算に乗ることになります。部品生産などで一定数量で機械の購入費用分の「元を取った」ような場合には、それ以上に生産した部品は実はコストが大幅に下がったことになります。

自動車メーカーが生産量の多い車種の部品について、部品メーカーに対し数割の値下げを一方的に通告してくるという話を聞いたことがありますが、これは、実は、生産数量が増えれば部品1個あたりの機械の償却コストが減るということもあるからです。

日米間などのダンピングでよく問題になったのもこの点です。国内販売分で固定費分を十分に賄《まかな》った場合には、海外への輸出分は変動費プラスαの価格設定でも十分に利益が出るのです。相手国の生産者から見ればたまったものではないのでダンピング提訴ということになります。コストが価格の最低限といっても、なかなかに難しい問題もあるのが現実です。

それでは、価格の上限はどこで決まるのかといえば、それは、購入者が認める価値によって決まります。分かりやすいのはブランドのバッグなどです。小さなロゴマークが付いているだけで、そのロゴマークが入っていないほとんど同品質のバッグの10倍もの値段がすることもあります。これは、そのバッグを買う人が、そのブランドに対する愛着や信頼感、それに見栄などを加味すれば、10倍支払ってもよいと考えるからです。

したがって、価格はコストと購入者の認める価値との間で決まります。

それでは、購入者の認める価値と価格の関係をどういうふうに理解すればよいのでしょうか。仕事が経営コンサルタントなので、少し専門的になって恐縮ですが、マーケティングには、「Q、P、S」という考え方があります。Quality（品質）、Price（価格）、Service（サービス）の頭文字をとったものです。お客さまがモノを購入する際には、Q、P、Sの三つをすべて考慮して購入を決定します。Qは購入しようとするものの品質です。お金を払って得るものの品質です。私の仕事（経営コンサルタント）のようなサービス業の場合、お金をいただいて直接に提供するサービスはこのQに入ります。Pは支払う価格です。そしてSはそれ以外のモノすべてを指します。例えば、店員の対応、伝票の間違いのなさ、デリバリーのスピード、信用、店への距離、店の美しさ、…など、直接にはお金を支払ってはいないが、付随しているものすべてを指します。そして、モノを買うときはこのQ、P、Sをすべて考慮して買っているのです。

したがって、お客さまから見た価値は、Q（品質）とS（サービス）の両方ということになります。そして、それに見合ったP（価格）を支払うのです。先ほどのブランドのバッグの例だと、S（愛着、信頼、見栄）の比重が大きいということになります。

規制緩和のルール

タクシー料金の売上げ下落は規制緩和と大きな関係があります。15年くらい前に、米国のコンサルタントが出した論文に、「規制緩和をすれば必ず起こるルールがひとつある」と書いてありました。

その人は、航空業界やエネルギー業界など、米国で規制緩和が起こった業界をつぶさに調べてその結論を得たのですが、そのルールとは、「強いものは益々強くなり、弱いものは滅びていく」というものでした。つまり、規制緩和によって、皆が強くなるわけでも、また逆に、皆が弱くなるわけでもなく、強いものは益々強くなり、弱いものは滅びていくというのです。

私もその意見に賛成です。規制は、いわば、天井と床のようなもので、上に上がっていこうとするものを天井が抑えつけ、逆に下に落ちていくべきものを床が支えていると考えれば分かりやすいでしょう。規制が緩和されれば、天井と床の間隔が広がるから、上に上がるものは上がり、下がるものは下がるのです。規制が撤廃されると、上に行くものは青天井で上に行けるし、落ちるものは下まで落ちて、企業だとどこかで滅びてしまうということになります（ちなみに、規制緩和とさっき書きましたが、正確には規制撤廃のほうが正しいでしょう。英語の「deregulation」は規制緩和と一般に訳されていますが、規制撤廃のほうがより正確です）。

強い会社の条件

ここで、「強いものは益々強くなり、弱いものは滅びる」といいましたが、それでは「強い」「弱い」とは企業で言えば、具体的にどういうことを指すのでしょうか。

私は強い会社の条件として、次の三つを考えています。①「他社との違いが明確なこと」、②「ライバル他社と比べて遜色のない財務力のあること」、③「ビジョン、理念が確立、徹底していること」です。

「他社との違い」については、ここで説明したQ、P、Sで他社との違いを明確にする必要があります。供給過剰の時代に、他社との違いが明確でなければ勝ち残りは難しいのです。「財務力」に関しては、ビジネスとは「市場における他社との競争」ですから、ライバル他社に比べあまりに落ちる財務力では戦うのが難しいと言えます。経済学者が考えるように、需要と供給のバランスが一瞬の間に決まるということはありません。

後で説明するように、企業はどんな状況でも「踏ん張ろう」とするから少々儲からなくても頑張ろうとするのです。そうすれば、価格競争やサービス競争となります。その際に、ライバルと比べて、ある程度遜色のない財務力がないと、踏ん張りたくても踏ん張れなくなってしまうのです。もちろん、十分な財務力がない場合には、市場をずらすことや、ニッチ戦略といってニッチ（隙間）で勝負するというやり方もあります。

そして、「ビジョン・理念」はこの二点よりも重要かもしれません。この時代、しっかりとした考え方という「土台」を持たない組織は勝ち残れないからです（このあたりに関しては、私の経営書でじっくりと説明をしています。参考にしていただければ幸いです）。

余談になりますが、二番目の財務力という点に関して言えば、スカイマークエアラインやエア・ドゥのような新興エアラインには、私の目から見れば少し心配がありました。なぜなら、航空業界は「金食い虫」の業界だからです。大型ジェット1機200億円近いコストがかかるのです。そこに、JALやANAと比べて資金力が格段に小さい航空会社が真っ向から勝負するには少し無理があるように私には見えます。

新興エアラインは当初は羽田―福岡間（スカイマーク）、羽田―札幌間（エア・ドゥ）で参入したのですが、こちらは大手航空会社の「ドル箱」路線です。これらの路線に参入すると、「真っ向から」財務力のある大手航空会社と対抗しなければなりません。逆に、大手も黙って見過ごすわけにはいかないから、値引き合戦やサービス合戦に追いこまれます。そうなると、いかにサービスを良くしても、財務的に勝てなくなることがあるからです（と6年前の初版では、書きましたが、結局エア・ドゥは倒産し、現在はANAの傘下に入っています）。

コンサルタント的に言えば、財務力の乏しい新規参入組が勝つためには、大手が参入しないような市場に参入し、そこで十分なキャッシュフローを稼げるようになってから、大手と真っ向からぶつかるのが正しい戦略だと考えます。米国のサウスウエスト航空はユニークなサービスで知られていますが、彼らが最初に参入したのは、大手が飛ばない州の2番、3番目の都市同士を結ぶ路線でした。最初から大手とのぶつかり合いを避けることにより、キャッシュフローを稼ぎやすくしたのです。

余談の余談になりますが、私の米国の友人に聞いたところでは、サウスウエスト航空に彼が乗ったときに、座席の上の荷物入れにスチュワーデスが入っていたそうです。お客さんが喜ぶからだといいますが、これは確かに奇抜なサービスです。

商売をなかなか止められない

タクシー業界の競争が激化していることを述べました。競争が激しくなって乗車率が下がれば当然、会社としての採算が悪化します。市場規模がそれほど変わらない場合、参入が増えれば1社あたりの利益が減少します。中には赤字というところも出てきます。長く赤字が続けば企業はやっていけないから、撤退、あるいは場合によっては倒産ということにもなりかねません。

ただ、私が企業を見ていて思うことは、企業はなかなか簡単には事業から撤退しないということです。撤退を比較的簡単に行う場合は、大企業の一部門のような場合です。そのような場合だと、他の事業で撤退部門の人員を吸収することができるからです。また、場合によっては、部門売却という選択肢もありますが、日本企業、特に大企業は正社員の雇用を維持することを大切にする傾向が強く、部門閉鎖の際にも雇用維持を念頭に置きがちです。

一方、中小企業の場合は、多くが最後まで踏ん張ります。中小企業の場合だと、単一の事業しかやっていない場合が多いのです。例えば、タクシーならタクシー事業だけといった具合です。そのような場合だと、撤退は消滅を意味しますから、経営者のためにも従業員のためにも簡単には撤退ができないのです。営業譲渡ということもありますが、過当競争では営業譲渡もままならないことも少なくありません。M&Aも中小では簡単でないことも多いのです。

そのような場合には、少々赤字でも財務余力がある間は事業を継続しようとします。中小企業では、社長が家、財産を担保に入れて事業用のお金を借ります。そして、どうしてもそれでも踏ん張れなかった場合に倒産ということになりますが、それは、経営者がすべてを失うということを意味します。ですから、倒産を回避しようとぎりぎりまで頑張るのです。そのことが、場合によっては、ダメージを余計に大きくするということにもなりかねません。

余談になりますが、倒産にもお金がかかるということを知っていますか。法的手続きのための弁護士費用が主ですが、中小企業の場合でも500万円くらいはかかります。それが払えない場合も少なくないので、いわゆる「夜逃げ」ということもあるのです。いずれにしても、中小企業では、倒産は経営者が全財産を失ってしまうというケースがほとんどで、大企業のサラリーマン経営者とは取っているリスクが違いますが、その割にリターンはそれほど大きくはないというのが現状です。

独占企業が認められる理由

タクシー会社は独占が認められませんが、電力やガス事業は法律で地域独占が認められています。それはなぜでしょうか。約25年前に米国のビジネススクールで取った経済学の授業でそのことを習いましたが、そのときの説明だと、「規模の利益（economy of scale)」があるからということでした。つまり、小さな業者がそれぞれ個別で事業を行うよりも、大規模な業者が独占して電力やガスを供給するほうが、結果的にコスト削減につながり、競争状態を作るよりは価格を下げることができ、消費者のメリットになるということなのです。

したがって、この理論を前提として独占を認めているのなら、もし、燃料電池などが普及し「規模の利益」が失われるような場合には、独占を認められなくなる可能性もあります。いずれにしても、規模のメリットのみならず、エネルギーの安定供給など国民全体にとって最適となるように政策判断が行われることとなるはずです。

鉄道事業は独占企業ではありませんが、公益性が非常に高いため、国土交通省の認可が必要で、半ば独占のような状況になっています（もちろん、飛行機やバス、タクシーなどとの競合はあります）。鉄道事業の料金はどのように決められるのかといえば、通常は「コスト＋α」で決められます。適切と判断されるコストに適正利潤を乗せて料金が設定されます（当然、それがあまりに高すぎる場合には適正水準に料金は設定されます）。

それでは、なぜ、長年事業を続け、独占に近い状態だった国鉄が民営化されなければならなかったのでしょうか。コスト＋αで料金を決めれば、必ず儲かるはずですが、巨額の赤字を計上し、民営化されるに至ったのはなぜでしょうか。それは、ひとつには、地方の過疎化が進み、ローカル鉄道の採算が大幅に悪化したことです。全国一律で距離により料金を計算すると、利用者が少ないところでは赤字が出ますが、過疎化が進めばその赤字幅が大きくなります。

しかし、それに加え、組織が肥大化、官僚化し、それにより効率性が大幅に悪くなり、コストが跳ね上がってしまったことも大きな理由です。ローカル線だけでなく、都会の路線の一部でも赤字となったからです。そのコストをベースに料金を設定すると利用者に大きな負担となります。かといって、私鉄などと比べ適正と考えられる料金で運営すると全体の赤字が拡大するという情況に陥り、膨大な赤字を抱えるにいたってしまいました。

そこで、国鉄を分割し、北海道、東日本、東海、西日本、四国、九州、貨物などの各JRに分け、民営化されることとなったのです。分割により各地域の実情に合わせた経営を行うことが可能となり、さらに、民営化によって効率性を高めようというねらいです。JR各社の業績は好調で、債務を切り離したとはいえ、分割民営化はある程度は成功したといえるでしょう。

ただ、JR各社、特に東日本、東海、西日本が利益競争に走るのには問題があります。安全運行を確保することが大前提で、それに対し十分な投資をした上での利益なら結構で

JR各社の営業利益

社　名	営業利益　（億円）
ＪＲ東日本	4,325
ＪＲ東海	3,823
ＪＲ西日本	1,225

（2009年3月期）

すが、とにかく利益という考え方はＪＲの場合には間違いでしょう（そう言うと、官僚体質のＪＲの場合には社員の給料を上げて利益を抑えようとするかもしれませんが、ＪＲなど独占に近い業態の場合には、給与は公務員並みとするのが適切です）。

同様に、ＮＴＴも民営化された後、東、西、長距離などに分割されました。地域会社は苦戦しているようですが、他の参入企業との競争で電話料金が大幅に下がったことを考えると国民にとってのメリットは大きかったのではないでしょうか。

新幹線、飛行機のシートピッチ

飛行機のエコノミークラスよりも新幹線の

普通車のシートピッチのほうが長いのはなぜでしょうか。不思議に思いませんか。

シートピッチとは前の席との距離ですが、私の解釈では、新幹線のほうが、企業としての独占性の度合いが高いからです。つまり、独占の度合いが高ければ、先に述べたように、価格を「コスト＋α」で設定が可能となります。飛行機の場合は、ＪＡＬとＡＮＡ、そして新興エアラインが直接競争をしている関係で、必ずしも「コスト＋α」での価格設定ができないのです。そのために、1回で運べる乗客数を多くすることで採算を高めようとする必要があります。特に、東京―大阪間などの短距離路線では、一度にどれだけを運べるかが採算の大きなキーとなります。

のぞみが増発となり、航空各社も東京―大阪間では「シャトル便」を飛ばしています。新幹線と飛行機の、トータルでの利便性やスピード、価格がそれほど変わらなくなり、真っ向から競争するようになれば、新幹線も「コスト＋α」での価格設定ができなくなり、シートピッチが狭くなる可能性があるかもしれません。

新幹線としては、先にも述べたように、戦略上、表面的には飛行機と競合しているように見えますが、本当に飛行機と競合するようになることは、ＪＲにとって独占企業のメリットを失ってしまう「リスク」を内包していると言えるかもしれません。

景気指標を読む三つのポイント

私は、この章で説明したように、新幹線のグリーン車の空き状況やタクシーの運転手さんの言葉などからも、景気を判断していますが、それ以外の情報からももちろん、景気を判断しています。

仕事柄、企業へのアドバイスを行いますが、そのときに自分なりの景気判断基準を持っていないとアドバイスができないからです。現在、15社の顧問先で定期的にアドバイスを行っていますが、投資案件や人員採用などで、短期的、または、中長期の景気や経済状況の分析が必要となることも少なくありません。

また、顧問先さんで子会社を含め12社の非常勤取締役や監査役を引き受けていますが、それらの企業では役員会などで、個別案件のみならずもっと大きな視野での企業運営へのアドバイスを私に期待されていますから、マクロの経済判断を私なりにできる限り客観的に行うことが重要となります(マクロ経済だけのお話をしに行っているところもあります)。

まず、丹念に読んでいるのは新聞です。特に、月曜日の日経新聞の「景気指標」はきっちり読みます(よく、講演などで話しますが、私はこの世で一番安いもののひとつはこの統計が載っている月曜日の日経新聞ではないかと思っているくらいです）。

ＧＤＰ、在庫、設備稼働率、現金給与総額、失業率、マネーサプライ、銀行貸出し状況などのマクロの数字のみならず、半導体、鉄鋼、旅行、パソコン、自動車といった個別業種の状況も月ベースの数字が載っています（ＧＤＰ、日銀短観などは四半期の数字）。米国、欧州、アジアの経済指標も簡単ですが載っていて、各地域の経済の概観を知ることもできます。仕事で、米国やヨーロッパにも行くので、実感と数字が合っているかどうかのチェックもできます。

「そんな数字を見ても分からない」と思う方もいらっしゃるかもしれませんが、三つのポイントで見ていくと自分なりに見方が分かってきます。

ひとつは、継続的に見ることです。私は海外出張でもしていない限り、毎週月曜日にはこの「景気指標」の欄を必ず読んでいます。毎週、毎週、継続的に見ているので、数字の変化が分かります。

例えば最近では、現金給与総額が減少しはじめたということが分かれば、それが、ＧＤＰの５割以上を占める個人消費に悪影響を及ぼしそうだという類推もできます。ひいては、物価下落がデフレスパイラルを生み、世界経済の回復の足かせになるのではないかということも考えられます。半導体の状況も2001年のITバブル崩壊時よりも2009年のほうがひどいのですが、これも指標をずっと継続的に見ていれば分かるようになります。

二つ目は、新聞の他の記事との関連を考えることです。新聞の記事の中にももちろん経済指標が出ているし、その指標に関連した記事も出ています。そうした時に、いつも見ている裸の統計数字との関連や過去からの数字の動きとの関連を考えると数字が生きて見えてきます。

例えば、貸し渋りの記事が出ていたら、「銀行計貸出残高」がここ数年間、月ベースで常に前年比数%以上増加していることを知っていれば、マスコミが一時的に「貸し渋り」と騒いでいるのが正しいかどうかを自分で判断できます。雇用情勢の記事を見るときでも、「失業率」や「有効求人倍率」の数字を知っていれば、記事に出る「ミクロ（企業単位）」の現象が、すべてのことを表している代表なのか、それとも、一部だけの話なのかということも分かるようになります。

さらに、三番目のポイントとして、「仮説」を持つことです。先に述べたこととも関連しますが、自分なりの仮説を持つことが重要です。もっといえば、次に発表される数字の予想を行うことも結構楽しいものです。自分なりの街角ウォッチや他の経済指標、新聞記事などから、ＧＤＰ、失業率、などを統計発表前に予想すると、数字に対する感度や興味が上がっていきます（詳しくは、拙著『ビジネスマンのための「数字力」養成講座』〈ディスカヴァー・トゥエンティワン〉をお読みください）。

名門ゴルフ場の会員権相場で景気が分かる

もうひとつ注意して見ているのが小金井カントリークラブの会員権相場です。バブルの頃には4億円くらいしていましたが、今ではその10分の1程度です。２００２年からの景気回復期には、一時1億円を超えましたが、また下落しました。株式相場ももちろん景気の状況を反映していますが、政府が時々ＰＫＯ（Price Keeping Operation、価格維持活動、私がカンボジアで参加したＰＫＯ活動をもじったものだと思いますが、こちらはPeace Keeping Operation：平和維持活動、です）を行うから、相場が人為的にゆがめられることがあるのです。

しかし、ゴルフ会員権相場まで政府は介入しないでしょうから、最も余ったお金の勢いが小金井カントリークラブの相場を見ると分かると私は思っています。なぜ、小金井カントリークラブの会員権相場かと言えば、小金井の価格が一番高いからです。つまり、富裕層が小金井の会員権を買うわけですが、日本で一番余っていると思われるお金の「勢い」が小金井カントリークラブの会員権相場を決めていると私は見ているのです。

そういった意味で、他の高級品価格でもいいわけですが、相場がコンスタントに立っているのがゴルフ会員権で、また、ゴルフ会員権は結構頻繁に新聞などにその相場が出るので、その中で小金井が一番高いからそれを私は見ているというわけです。

進む所得の二極分化

小金井カントリークラブの会員権の話をしたついでに、高額商品がこういう時代でも割とコンスタントに売れているということと関連して、日本では所得格差が開きつつあるということを簡単に説明しておきましょう。景気低迷が続く中でも、宝石や世界一周クルーズなどは予想以上にコンスタントに売れている商品です。また、エルメスやヴィトンなどといった高級ブランドもそこそこ健在です。その背景には、高額所得者が多くいることがありますが、所得格差が拡大していることも日本経済にとって見逃せないことです。

日本は一時期、世界で最も平等な国と言われました。所得の再分配が進んでいたからです。所得の再分配とは、簡単に言えば、所得の高い人のお金を、所得の低い人へと回すことです。税金、社会保険料などで高額所得者から徴収し、それを低所得層に再分配する。税率や社会保険負担率が高ければ高いほど再分配が行われやすくなります。特に、所得税や地方税は累進課税（所得が大きいほど税率が高くなる）なので、最高税率を高くすればするほど、再分配を行いやすいということになります。

「ジニ係数」と言われる係数は、所得の分配の平等性を示す指標として有名です。完全平等の状態が0、完全不平等の状態が1です。84年には0・252だったわが国のジニ係数は、99年の数字では0・273、現在ではさらに上昇しています。つまり、不平等のほうに大きく動いているわけです。

その間、所得税の最高税率は70％から40％へと大幅にダウンしました。これは高額所得者の税率が大きく下がったことを意味します。以前は最低税率が10・5％でそこから70％まで細かく15段階であったものが、現在では、10％から40％の4段階になっています。（住民税は最高税率10％ですから合計で50％ということになります）。

このことは、高額所得者のインセンティブを高くしますが、実際に使える「可処分所得」では、所得格差が拡大することを意味しています（このことについては、２００３年

8月20日付日本経済新聞「経済教室」の橘木俊詔京都大学教授の論文に詳しい)。一方、所得税を支払うようになる課税最低限の所得が高すぎるため、税を納めていない人の比率が高くなっていることへの批判もあることを指摘しておきます。

さらに、所得の再分配とは別に、保有している貯蓄額についても、151ページの図にあるように1991年と2008年とでは、「持つものと持たざるもの」との差が拡大しているのが分かります。勤労者世帯の平均貯蓄額は1280万円ですが、貯蓄額が200万円に満たない世帯が増加している一方、2000万円超の世帯も増加しており、中間層が減少しているのが分かります。

先ほどの所得再分配の不平等化の進展や、給与の実力主義へのシフトなどが重なって、資産格差も拡大していることが理解できます。稼ぐ人はより資産形成を行いやすく、その一方、稼ぐことができない層は資産形成も以前より難しくなっており、そのことが今後、大きな社会問題とならなければよいと私は懸念しています。

AIDMAとは

この章の中で「情報の非対称性」について触れましたが、それに関連してマーケティン

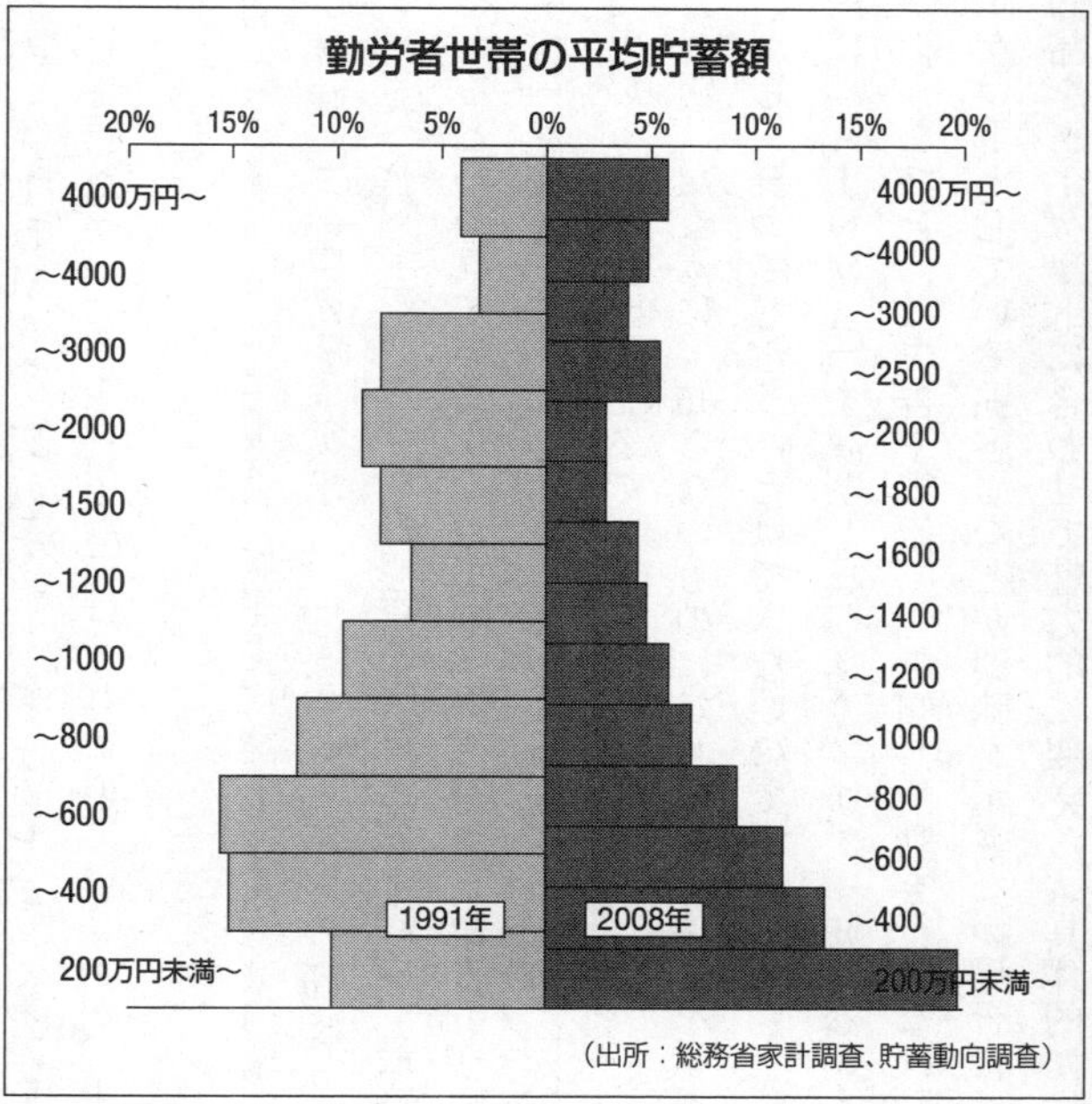
勤労者世帯の平均貯蓄額
20%
15%
10%
5%
0%
5%
10%
15%
20%
4000万円～
～4000
～3000
～2000
～1500
～1200
～1000
～800
～600
～400
200万円未満～
4000万円～
～4000
～3000
～2500
～2000
～1800
～1600
～1400
～1200
～1000
～800
～600
～400
200万円未満～
1991年
2008年
（出所：総務省家計調査、貯蓄動向調査）

グの考え方の一つの「ＡＩＤＭＡ」について説明をしましょう。第二章で「ＡＭＵＴＵＬ」のことを説明しましたが、「ＡＩＤＭＡ」はそれと似ていますが、少し内容が違います。

「ＡＩＤＭＡ」は「アイドゥマ」と日本語で読むことが多いのですが、「Attention（注意）」、「Interest（興味）」、「Desire（欲求）」、「Motive（欲求の高まり）」、「Action（行動）」の頭文字をとったものです。人はこの順番に購買意欲を高め、最終的に購買という行動（Action）をとるといわれています。つまり、ある商品を知るようになり「注意」を払い、それに「興味」を持ち、欲しいという「欲求」が生じ、その「欲求が高まり」、そして、最後に購買という「行動」をとるのです。

ですから、先に説明したように、知らないものに対しては、注意を払ったり、興味を持つことができないから、買ってもらうことはできないのです。

もう少し具体的に「ＡＩＤＭＡ」を説明しましょう。まず、知らないものは買ってもらえないから、そのような場合には広告や宣伝で「告知」活動を行わなければなりません。知っていてもターゲットとしている顧客層などが興味を示さない場合には、興味を持ってもらえるように商品をターゲットに合わせて魅力的に変える（具体的にはＱ、Ｐ、Ｓを見直す）ことが必要です。

さらに、興味はあっても「欲しい」と思ってもらえない場合にも、さらに商品のQ、P、Sについて見直しを行うか、それともターゲットの顧客層（セグメント）の見直しが必要となります。つまり、間違った顧客層を対象としていることもあるからです。

そして、「欲しい」と思った商品を人はすべて買うわけではありません。そうした場合には、欲求を高めて購買まで繋げなければならないのです。「欲しいけど高いから」という顧客には、ローンを提供したり、同じブランドで低価格帯の商品を薦めてみることもできます。例えば、高級車ではローンを提供するだけでなく、最終的な買い戻し価格を高く設定することにより月々の支払い額が少なくて済むようなリース契約も提供しています。携帯電話やパソコンなどで「携帯やパソコンは欲しいけどこんなに多くの機能は要らない」という人には、単機能な商品を安く提供すれば買ってもらえるということもあるでしょう。

この「AIDMA」は、なぜ、ものが売れないかを考える際に便利な「アプローチ」です。アプローチとは「手法」です。言わば問題解決の道具です。道具を使えば、分かりにくいことでも解決しやすい場合もあります。

私は、「道具」や「技」というのは時間の節約のために重要だと思っています。道具を持っていれば、「早く」そして場合によっては「上手く」物事を処理することができるのです。はさみを用いれば、手で紙を切るよりは早く、きれいに切れますね。ですから、「道具」や「技」はそれを上手に活用したほうがいいのです。人の考えや先人の知恵も取り入れられるものは素直になってできるだけ取り入れたほうがいいでしょう。

頑固な人は、なかなか、自分のやり方を曲げませんが、それも時と場合によります。信念や志は曲げてはいけませんが、方法論や技は手段ですから、それを採り入れたほうがよい場合も多いはずですね。

「思い入れ」と「思い込み」

経営コンサルタントとして、企業経営においてまず大切なことは企業の方向付けを間違わないことだとアドバイスをしています。

経営と管理を同じだと考えている人がいますがそれは間違いです。経営のまず第一は企業の正しい方向付けで、管理とはその方向付けられた内容をいかにパフォーマンス良く行うかどうかということです。第二はヒト、モノ、カネなどの「資源の最適配分」、第三は「人を動かす」だと私は考えていますが、そのあたりは経営書に譲ります。

良い管理者であっても、必ずしも良い経営者になれないのは、管理ができるからといって、正しい方向付けができるかどうかは別のものだからです。そして、正しい方向付けを行うためには、正しい外部環境の分析が必要となります。

外部環境分析というと難しく感じる方もいらっしゃるかもしれませんが、必ずしもそうではありません。もちろん、大きな流れとして日本全体や世界全体のマクロ経済などを分析しなければならないこともあるかもしれませんが、経営者は、最終的には自分の目を通して、自社を取り巻く個別具体的な外部環境がどうなっているのか、さらにどう変わっていくかを判断しなければなりません。そのためには、普段から「正確に」ものごとを見る習慣をつけておくことが重要です。

「思い入れ」と「思い込み」その2

ここでいう「正確」とは、「客観的」ということです。人には必ず「バイアス（偏見）」があります。どんなに客観的だと思っていても、かならず自分の「主観」を通してものごとを見ています。だから、普段から可能な限り「客観的に」、つまり、現実をありのままに見るクセをつけておくことが大切です。客観的にモノを見ることが、物事を正確に捉える「入り口」となるからです。これは訓練で向上します（「客観」だけではなく「主観」がなくては、本質を捉えることができませんが、そのことは後に述べます）。

思い入れが強いことがらに関しては特にそうです。経営コンサルタントをしていて、顧客企業を好きなことは当然ですが、しかし、それが行き過ぎることを私は自分自身にも注意しています。「思い入れ」が時に、「思い込み」になってしまうことがあるからです。

「ノルマリティーバイアス」という言葉があります。これは、「自分だけには不幸が起こらない」、「自社だけは倒産しない」といったように、自分にだけは悪いことが起こらないということを思うバイアス（偏見）をいいます。

これはだれにでもあるものですが、成功体験や思い入れが強い人に多いといわれています。もちろん、不幸なことばかり想像することも間違いですが、自分にだけは不幸なことが起こらないと考えることも問題ですね。

第五章——

フルムーン夫婦の旅行増加からわかる経済状況

長年、新幹線の顔だった「0系」は2008年の暮に完全引退

高齢者夫婦の旅行が増えている

新幹線に乗ると、高齢者の夫婦が旅行をしている風景をよく見かけます。以前からもちろんあったでしょうが、最近特にその姿を見かけるような気がします。「フルムーンパス」という合計で88歳以上のカップル向けの商品は以前からありました。今では、「50＋」といったような会員制度もあります。それらを利用されているのかどうか分かりませんが、高齢者カップルが旅行をされているのをよく見かけます。

私は仕事で移動することが大半ですから、彼らを見るとうらやましく思いますが、旅行ができるということは、健康、時間、お金の三つがある程度は揃っていることが大前提となります（それともうひとつ、カップルの場合はその二人が、仲が良いということも前提でしょう）。

カップルに限らず、高齢者の団体も多いですね。団体の場合は、女性の数が多いとも感じます。女性のほうが活発に旅行をしているからでしょうか。私の感覚では、東海道新幹線よりも、東北新幹線、長野新幹線のほうが、高齢の旅行者が多いように思います。温泉や名所旧跡が多いからでしょう。また、東海道新幹線はビジネス客の比率が多いからだと思います。

先日も、仕事（ある企業依頼の講演）で秋田新幹線の田沢湖駅まで行き、車に乗り換えて、そこから40キロ以上奥地に入った「新玉川温泉」というところに行きましたが、難病にも効くという評判の温泉があることもあって、大手旅行社が団体客を率いてやってきていました。いうまでもなく、その旅行者の大半は高齢者でした。７００人ほど収容できる宿泊施設がありましたが、それもほぼ満員の状況で、都会からの距離や時間を考えると私には驚きでした。

進む高齢化

新幹線の旅行客を見るまでもなく、日本の高齢化は進んでいます。２００３年10月で約1億２７００万人の日本の総人口のうち、約19％が65歳以上の高齢者です（と、当時は書きましたが、現在〈２００９年〉は、人口はほとんど変わらずに、高齢化率が22％となっています）。

25年足らずで高齢者の比率がほぼ倍にまで上昇しています。このままの状況で高齢化が進めば、あと20年も経たない間（２００３年当時）に、高齢化率は25％、つまり人口の4分の1が高齢者ということになると予測されています（これも、現在では、間違いなくもっと早く25％に到達します。これだけ高齢化が予想以上に進んでいる背景には、予想より子どもの生まれる数が少ないということがあります）。

平均寿命も延びており、男性で78・32歳、女性は85・23歳となっています（2002年「簡易生命表」、厚生労働省、最近の統計〈2007年〉では男性79・19歳、女性85・99歳と少し伸びています）。国民の寿命が延びることは日本にとって好ましいことなのはいうまでもありませんが、年金、医療、財政など多くの問題を抱えています。

高齢化率が上昇する最大の理由は、寿命が延びていることではなく少子化が進んでいるせいです。ここ7年間ほどは毎年120万人くらいしか子どもが生まれていません。2002年に生まれた子どもの数は115万人です（2008年は110万人以下になりました）。

団塊の世代が一学年で250万人以上、団塊ジュニアの世代が200万人ほどいたことを考えると、大幅という表現だけでは足りないくらい子どもが減っているのです。子どもが減っているので、高齢化率が急速な勢いで増加しているのです。

進む交通機関の高齢者への対応

先日、私の知り合いが足を怪我して自分だけでは動けない状態となりましたが、その直後に出張で大阪へ行かなければならず、新幹線に乗ったときのことを話してくれました。彼は、高齢者ではありませんが、東京駅に彼の状況を連絡すると、自分が乗る予定の新幹線まで駅員が誘導してくれ、なおかつ、新幹線車内でも、普段は車掌さんが使う部屋を用意してくれたといって、感激していました。

駅でも車椅子の人をよく見かけるようになりました。まだまだ、設備等は不十分だとは感じますが、それでも以前よりは大分改善されたと思います。エレベーターが設置されたホームも増えましたし、そうでないところでも、車椅子を昇降させる装置がついているところも多くなりました。

私が住んでいるところでも、小田急が高架工事を進めて駅を改修したのに合わせて、駅にエレベーターがつきました。これは、車椅子の方だけではなく、小さな子どもをベビーカーに乗せている人や、高齢者には大変便利です（私は、一時期在宅介護を行う会社に勤めていたことがあったので、高齢者や身体が不自由な方の生活や移動については、今でもすごく気にかかります）。

飛行機を待っていても、高齢者や身体が不自由な方、小さな子どものいる人たちを優先搭乗させています。もちろん、こういう方々への配慮をするのは当然ですが、その背景として、それらの人たち、特に高齢の身体の不自由な人たちが増加し、また、その人たちも旅行などを以前よりは楽しむようになったということが言えるでしょう。

高齢化に対応する乗り物

高齢化の対応をしているのは新幹線だけではありません。一般の電車でも車椅子を置くことのできるスペースを確保している車両が多くなりました。バスでも、リフト付きのものや、床がフラットな設計になっている車両も増えています。大変良いことですね。

さらに、車椅子をそのまま乗せることのできる車も増えており、以前は大型の車でしか対応できなかったのが、今では小型の車でも車椅子を乗せられるようになっているものもあります。タクシーでも高齢者や障害者に対応できる車や運転手が増えています。タクシー会社の中には、運転手に介護の教習をしているところもあり、タクシー会社と在宅介護会社がタイアップしているところもあります。

高齢者、障害者専用の旅行会社

私の知り合いに高萩徳宗さんがいますが、彼は、ベルテンポトラベルという旅行会社を経営しています。彼の会社が取扱う旅行は、障害者向けのものだけです。もちろん、高齢者で身体が不自由な方のための旅行も取扱っています。

お話をうかがうと、通常の旅行と比べて、障害を持った方の旅行を取扱うので、いろんな点で配慮が必要とのことです。例えば、温泉旅行を申込まれた場合には、浴場の手すりなどの状況やトイレのことから、車椅子でも楽に使える部屋の造りになっているかなどを、旅館やホテルに問い合わせるなどして把握する必要があります。それだけではなく、車で移動する場合などでは、障害者対応のトイレがパーキングエリアにあるかどうかの調査も行うということです。高萩さん自身が添乗することも少なくありませんが、お風呂まで一緒に入ることもあるそうです。

ベルテンポトラベルのような障害者専門の旅行社はまだ少ないのですが、健康な高齢者を対象とした旅行の企画を提案する旅行社は多くあります。高齢者は、平均すれば所得はそれほど多くありませんが、預貯金を多く持っており、時間とお金に余裕のある人が多いので、旅行会社のターゲットとしては、最適でしょう。

先日も、ある百貨店の部長から次のような話を聞きました。今のような景気が良くない時代でも、販売すると数日内に必ず完売する高額商品があるといいます。それは、「世界一周クルーズ」で、最低でもひとり数百万円はするものです。そして、もっと、驚いたことには、一番高いスイートルームはひとり千数百万円くらいするのですが、高い部屋ほど早く売れるということを言っていました。夫婦でスイートに泊まる場合、旅行の準備なども合わせれば、軽く2500万円はかかる計算になりますが、日本にも富裕層は少なくないのです。

高齢者世帯は裕福だが……

現在の日本では、高齢者が最もリッチな世代です。独身のキャリアウーマンもリッチですが、貯蓄額が違います。高齢者世帯の収入は年金に少し上乗せがある程度であっても、貯蓄残高が多いのです。高齢者世帯の平均では、2000万円以上の貯蓄があります。もちろん、各世帯間でのバラツキは大きいのですが、住宅ローンもほとんど持たず、子育ても終わっている高齢者世帯は最もリッチな世代だといえます。

それに対して、30代後半から50代前半までの世代は、子育て、住宅ローンで大きく貯蓄水準が落ちています。子どもを多く持たない理由のひとつとして「経済的理由」が挙がっていますが、子どもの教育費はこの世代の家庭の悩みの種です。私学に子どもを行かせると、年間で70万円くらいは最低でも必要で、寄付などその他もろもろを加えるとひとり100万円くらいかかることも珍しくありません。

第四章で所得格差が拡がっていることを説明しましたが、教育費用の増大は社会的に大きな問題となる可能性が大きいと私は考えています。東京など都会では、公立学校のレベルが低下し（ていると思い）、私学に通わせる家が少なくありませんが、所得格差が大きくなる中では、比較的所得の低い家の子どもたちは、チャンスが狭められてしまうことになるからです。

公立学校が一定以上のレベルを保つことができていれば問題は小さいのですが、そうでないなら早急にこの問題には対応すべきです。公立学校のレベルを上げる努力もなされていますが、時間がかかります。そうであれば、私学に通う子どもに一定の条件（一定の所得額）のもとで奨学金や助成金を出すことなどが解決策だと私は考えています。

受験戦争を助長するという意見もあるかもしれませんが、鉱物資源や農産物に恵まれない日本において、教育水準を高めることは国家百年の大計です。また、「智」がこれまで以上に価値を持つ時代において、子どもたちが、自分の家の経済状態とかかわりなく、勉学にトライすることができる社会が活力ある日本を作るために私は望ましいと考えています。

今後も高齢者の旅行は増えるか

この質問は、次の質問とほとんど同じです。「高齢者世帯は今後もリッチでありつづけるのか」、さらに、「高齢者の健康は維持できるのか」ということです。

最初の質問から答えましょう。答えは、「ノー」です。年金の問題が大きいと考えます。現在の年金制度は、国民年金、厚生年金など国が運営している年金が中心になっています（ご存知のように、国民年金は自営業者など、厚生年金はサラリーマンなどが対象です）。大企業などではそれに上乗せして企業年金があります。

そして、どの年金も、現役世代が高齢者世代の分を負担するという仕組みになっています。つまり、働いている人が、高齢者に年金を支払う仕組みになっているのです。これを「世代間扶助」とうまく名付けていますが、要するに自転車操業です。政府は、現役世代の50％の給付水準を維持するとの考えですが、2003年当時は59％であり、少子化が急速に進む中、将来的に給付水準を下げることは必至です。

給付水準を下げながらも、現役世代の社会保険料負担は、2003年当時の13％強（労使折半）から18％（同）程度にまで上昇します。国庫負担（つまり税金の投入）も3分の1から2分の1まで増やすことになっています。社会保険料も税金も結局大半は現役世代が負担しますから、その負担はどんどん大きくなるわけです。

高齢者への給付水準が下がれば、当然余裕は小さくなりますから、旅行も今よりは減るでしょう。現役世代も負担が増えますから、旅行が減るという寂しい結果となるかもしれませんね（もちろん安くて楽しめることもたくさんありますから、それはそれで大丈夫かもしれません）。

また、これからの高齢者世代は、バブルの頃に家を買った人も少なくありません。彼らは、保有資産の含み損を抱えています。含み損は将来のキャッシュフローに直接関係ないにしろ、その前の世代よりもより多い費用を住宅に使っていることになります。

つまり、貯蓄額がその分減少していると考えられます。社会保険料負担や税負担も増えています。これまでのような、全体として平均的に経済的に高齢者世代がリッチということは、今後は考えにくいかもしれません（もちろん、所得の二極分化は進んでいくでしょうから、超リッチな高齢者世帯もいる一方、平均的に現在よりも経済的に豊かでない高齢者世帯が増えるということでしょう）。

進む少子高齢化の影響

このままのペースで高齢化率が上昇すると、先にも述べましたが、あと10年経たない間に人口の4分の1が65歳以上の高齢者となります。そしてこのままの少子化の状態が続けば、その後、さらに高齢化は進み、30年後くらいには、人口の3分の1まで上昇すると予想されています。

これだけ、人口ピラミッドがゆがむと、社会的に大きな問題が生じることはだれの目にも明らかです。約15年前に出版した『21世紀の日本が危ない』（日本医療企画）でも同様のことを指摘しましたが、マクロ的には、年金や医療保険制度が今のままの仕組みではもたなくなると考えられます。年金制度については、今、述べたように、少子化が続けば、給付の引き下げと負担増大が続かざるを得ない状況です。

医療保険も、現状でも現役世代の掛け金の負担分が大きい上に、高齢者の医療費は平均して現役世代の約5倍かかる（ひとり年間約60万円）と言われており、やはり、現役世代が高齢者の分を負担するという仕組みになっています。これも世代間扶助ですが、やはり人口ピラミッドが崩れれば成り立たせるのが難しくなります。

現在でも、年金財政や医療会計は四苦八苦の状況ですが、これが今後そう遠くない将来に人口の4分の1が高齢者となると問題は深刻となります。3人でひとりの高齢者を支える社会が来るのですが、実はその3人のうち、1名弱は20歳以下の子どもです。となれば、ふたりの社会人が、ひとりの高齢者とひとりの子どもを支える構図となりますが、それが難しいのは簡単に想像がつくことです。

政府は年金や医療費に対し税金の投入比率を高めることなどを考えていますが、先ほども述べたように、その税金の大半も現役世代の負担で、私たちの子どもたちの世代の負担は非常に重いものとなります。本来なら、現在から（もっと言えば、大分以前から）、もっと本格的に年金や医療制度改革に着手すべきでしたが、年金支給や医療サービス低下を訴えることは、政府・与党にとって高齢者票を失うことにもなりかねないので、着手がずっと先延ばしとなっているのが現状です。

財政赤字も含めて、後世に（つまり子どもたちに）負担をかけることほど大人としてみっともないことはないと考えますが、厳しい言い方ですが、それをわれわれは平気で行っている愚か者であることを認識しておかなければなりません。

現在の高齢者に罪はありませんが、年金をもらって気楽に老後生活を旅行などでエンジョイしている裏には、自分の孫たちの負担が増大しているという現実もあることを、これも厳しいようですが、指摘しておかざるをえません。

増える国民負担

もう少しだけ、マクロの話をするのを許していただきたいと思います。自分たちの子どもや孫の世代に関わる重要なことだからです。国民所得に対する税金、社会保険料、財政赤字の合計を「潜在的な国民負担率」といいます。2003年で、約47%となっています。現状では、サブプライム後の世界同時不況に対応するための財政出動もあり、もっと高いはずです。

「国民負担率」は、国民所得に対する税金、社会保険料の比率を表したものですが、「潜在的な国民負担率」はそれに、財政赤字を加えたものです。国民負担率は90年代を通じて、36%前後で推移してきましたが、財政赤字が膨らんでいることで、潜在的な国民負担率は上昇傾向にあります（2003年6月11日、日経新聞朝刊を参考にしました）。

特に、財政赤字は、将来の負担となることから、人口ピラミッドが大きく崩れている日本において、早急に手を打たなければならない問題のひとつですが、このところまた増大傾向にあり、２００９年では、中長期債務の残高が先進国中最高（悪）のＧＤＰ比１７０％に達すると予想されています。

いつまで健康でいられるか

先ほど出したふたつ目の問題に答えていませんでしたね。「高齢者世帯は今後もリッチでありつづけるのか」、と「高齢者の健康は維持できるのか」の後者です。この答えは私には分かりません。ただ、30兆円以上にまで膨らんだ医療費を抑制気味にしなければならないことは国の財政を考えても自明です。しかし、平均すると年間約60万人ずつ65歳以上の高齢者人口が増えていることもあって、総額の医療費は増加傾向が続くでしょう。そうなれば、必然的にひとりあたりの医療費を抑制することにならざるをえません。

増大する医療費に対応するために、サラリーマンの医療費負担がだいぶ前に2割から3割に増えましたし、高齢者医療費も定額から定率へと変更されました。医療費削減の努力も行われており、薬価も下がり傾向で、また、病気ごとに定額の医療費を支払う方法も導入されつつあります。

こうした中、注目されているのが予防医学です。つまり、病気にならないようにするにはどうすればよいかということです。健康で長寿であることは、本人のためにも良いことだし、国にとっても財政上の問題のみならず望ましいことであることはいうまでもありません。運動を行うことや、最近では遺伝子の解明も進んでおり、予防医学の分野にますます注目が集まることでしょう。

超高齢社会を楽しむ

世界に類を見ない超高齢社会に日本は突入しようとしています。先ほど、将来の高齢者は今の高齢者ほど平均すればリッチではないと指摘しましたが、しかし、そのことは必ずしも精神的に豊かでないことを意味しているわけではありません。

海外リゾートに物件を持ったり、世界一周クルーズに出かけたり、毎年海外旅行を楽しむというゆとりはないかもしれませんが、違う楽しみを味わうことはできます。ある旅行会社の人に聞いた話ですが、その旅行会社では、ハイキングやトレッキングを企画しているのですが、それに大勢の人が集まるというのです。

方式はいたって簡単で、比較的近場のハイキングができる場所にターミナル駅からバスで連れていき、地図を渡し簡単な説明をするだけで、あとは、集合地点に戻ってきたら、順にバスで出発地まで戻すというやり方です。予約を取るのですが、多い日には同一地点に向かうのに、バス10台分以上の人が集まることも珍しくないといいます。集まった順にバスを出し、ハイキングから目的地に帰ってきた人の順にバスで戻すだけで、旅費もひとり数千円程度で済むのです。結構人気があるらしく、簡単に歩ける初心者コースから、結構険しい山に分け入る経験者向けの難しいものまで数十コースが用意されているということです。高齢者中心にかなりの集客があるとの説明でした。

お金を掛ければ掛けたでそれなりの楽しみを得ることができますが、お金を掛けなくとも楽しめることもたくさんあるものです。その大前提が健康であることはいうまでもありません。また、高齢化が進めば、70歳前後まで働く人も増加するでしょう。高齢でも働く人が増えれば、年金の支払い額も減るし、逆に所得税や社会保険料を支払ってもらえるので、倍の効果があります。働く意思のある人なら、働くことによって本人の健康にも役立つし、社会にも貢献できます。もう少しすれば、高齢者のビジネスマンの姿を新幹線の中でも今以上に見かけるようになるでしょう。

「主観」と「客観」のバランス

ここまで述べてきたように客観性は大切です。客観的にモノを見ることは、モノを見る上での入り口だからです。しかし、入り口からさらに奥に入っていこうとする場合には「主観」がどうしても必要となります。本質を見るためには、自分なりの基準が必要だからです。さらに、人間である以上、客観的にだけ物事を見ているのでは、冷たく寂しい人間になってしまうような気がします。

主観性がなければ物事の本質は見えません。まず、客観的に現象を捉えることが大切ですが、それを主観的に解釈してこそ物事が本当に見えるということだと思います。言い方を換えれば、客観性という「入り口」がなければ、物事はまったく見えていないのと同じですが、それだけでは、事実を事実として捉えているだけで、本質を捉えた「知恵」にはならないのではないでしょうか。せっかく客観的に捉えた事象を、自分の生活や世の中のために役に立つようにするには主観性という解釈がなければならないと考えます。

余談ですが、人生を過ごす上で、私は「８割の熱意と、２割の冷めた自分」のバランスがよいのではないかと思っています。いつも２割の冷静な自分が、熱い自分を客観的に見ているということです。もちろん、こうしたバランスを取ることは非常に難しいことだと自分でも感じていますが、客観と主観のバランスを取ることが生きていく上でも大切ですね。常に２割程度の客観的な自分が、熱い自分を見ているのです。そういう人は「自分を笑える」人で、本当に強い人間ではないでしょうか。

第六章——

進む鉄道のハイテク化

山陽新幹線を走る「500系のぞみ」（相生ー岡山間）

揺れない車体

先に300系の車両がのぞみとして多く使われていた頃、私は横揺れに悩まされていたことを書きましたが、500系や700系の車両は300系ほど揺れません。最新鋭のN700系も同様です。だから、この頃はのぞみ車内で原稿を書いていても頭がふらふらするということはめったにありません。

横揺れが少なくなったのは、加速度センサーと呼ばれるセンサーで横揺れを感知したら、横揺れを打ち消すようにコンピュータ制御で動揺吸収装置（ダンパ）を瞬時に調整するためらしいです。東海道新幹線で最高時速270キロ、山陽新幹線では300キロの高速走行を安全かつ快適にするためにハイテク技術が駆使されていることはいうまでもありません。

また、N700系では、ダンパのコンピュータ制御をこれまで以上に緻密にすることで、カーブに入るときの車体の角度を1度単位で調整することができるようになりました。カーブを速度を落とさずに通過することができるようになったため、東京―新大阪間で5分の短縮につなげました。

もちろん、車両だけがハイテク化されても線路状況などを常に万全に保っていないと揺れや事故を防ぐことはできません。新幹線では、すべての通常運行が終わった後に、線路状況などをチェックする「ドクターイエロー」と呼ばれる黄色の特殊な列車を運行させています（たまに、駅に止まっているのを見かけることがあります）。それがすべての路線をモニターして異常がないかどうかをチェックしています。保線作業では0・1ミリの精度で作業が行われています。ドクターイエローは、七両編成で、軌道の点検の他、ATC（列車の速度制御を自動的に行う）、架線、信号などの電機関係のチェックも行っています。

東海道新幹線が開業した昭和39年から、ATCが取り付けられており、現在では当然すべての車両の運行状況等がコンピュータでモニターされ管理されていますが、新幹線は以前からその当時のハイテク技術の集積といっていいでしょう。

新幹線だけではありません。東京の新橋駅から、お台場などや東京ビッグサイト（東京国際展示場）など臨海新都心を結ぶ「ゆりかもめ」もハイテクです。ゆりかもめの最前列か最後尾の車両に乗って驚くのは乗員がだれも乗っていないことです。運転手も車掌もいません。すべて自動運転で運行されているのです。オペレーションセンターでモニターはしていますがまったく自動で運転しているのです。

私が乗っている小田急線の最新型の車両では、ひと車両ごとにその時々の乗車人数を自動的にコンピュータが計算しています。エアコンも室温や乗車人数に合わせて自動制御が可能となっています。軽量化も進み、消費電力も以前にくらべ大幅に軽減されています。外から見ればそれほど変わっていないように見えますが、列車のハイテク化はどんどん進んでいます。

鉄道が環境へできること

2003年9月号の「ウェッジ」に載っている「鉄道ができること、環境にできること」というコーナーによれば、「日本全体の統計では、1人を1km運ぶ際のエネルギー消費量を比較した場合、鉄道は、航空機の約4分の1、自家用自動車の約6分の1」、二酸化炭素排出量では、「航空機の6分の1、自家用自動車の約9分の1」と説明しています（当時からエコが注目されていたのですね）。

その上で、同誌では、品川駅開設にともなうダイヤ改正時には、東海道新幹線車両として、「省エネルギー性の高い700系と300系に統一される」としています。従来型では車体は重い鋼鉄製でしたが、300系からの車両ではアルミ合金が使われています。これは、アルミの加工技術が進歩し、溶接部分の少ない押出し型材の利用が可能になったことによるものです。

その結果、従来の100系の車両に比べて、25%の軽量化を図っているとのことです(ちなみに1両の重さは約45トン)。700系では「ダブルスキン構造」といって、2枚のアルミ板の間に防音材を充填した素材を使っています。軽量化は当然、省エネルギーに直結します。また、700系ではあひるのくちばしのような「エアロストリーム形」といわれる先頭車両の形が特徴的です。N700系も似たような形をしています。これにより高速走行時の気流の流れを安定させることができるのです。

現在、多くの企業の間でも、ISOの14000番台を取得するなど環境に配慮した経営を行う企業が増加しています。新幹線でも消費エネルギーの削減が進んでいますが、ハイテク化は同時に環境にも優しいという面を持っています。

2009年から高速道路料金の土日1000円が始まりましたが、ゴールデンウイークなどでは、高速道路が大渋滞だった一方、JRの売上は前年比で落ちるということがありました。省エネやCO_2削減という観点からは、再考が必要だと思います。

ハイテク化される駅

駅もハイテク化が進んでいます。自動改札は当たり前で、今では、東京の私鉄線だと乗り越しの際にも、自分の定期券と共通乗車券のパスネットを入れれば精算機にかける必要もなく、自動改札機で自動的に精算してしまいます。もちろん他社線に乗り越した場合でも、定期券とパスネットをいれればOKで、非常に便利になっています（と、2003年時点では書きましたが、今では、パスネットがなくなり、ICカードのPASMOがJRのSuicaと共用で使えるようになっています。技術進歩は目を見張るものがありますね）。

JR東日本ではSuicaが登場し、「タッチ・アンド・ゴー」で改札機に1秒足らず触れるだけで改札を抜けることができます。もちろん、精算も自動で行うし、Suicaの場合だと、自動券売機などで再チャージ（入金）すれば何度でも使うことができます。（「タッチ・アンド・ゴー」は、飛行機が滑走路に着陸する際に、何か異常などがあった際に一旦着陸（タッチ）してそのまま離陸（ゴー）することを指しますが、SuicaのキャッチフレーズはそれにひっかけたものⅠ）。

また、JR東海のエクスプレスカードを持っていれば携帯で東海道新幹線の座席予約や予約の変更ができます。予約を一旦取ったものの、変える必要がある場合などには非常に便利です。インターネットで検索すれば新幹線のみならず、私鉄、航空機のダイヤや運行状況まで簡単に分かる時代となっています。

東海道新幹線ホームや新宿駅の一部の表示板も以前より格段に見やすくなりました。LEDを使った掲示板に変えたからです。道路の信号機でもLEDを使った信号機に変わりつつありますが、これもLEDの開発が進んだおかげです。

ハイテク技術の進歩が列車や駅に与えている恩恵は大きいですね。

駅の事故防止装置

私のオフィスの近くにある四ツ谷駅は便利な駅で、JR線（中央線、総武線）の他に、営団地下鉄丸ノ内線と南北線が通っています。南北線では、地下鉄の車両が運転士だけのワンマン運転を行っています。つまり、車掌がいないのです。そのために、駅での安全確保が重要で、駅には、列車とホームとの間に透明のアクリル製の壁があり、列車が来るまではそのドアが閉まったままになっています。

列車が到着すると、列車のドアと壁のドアがほぼ同時に開き、人が乗り降りできるようになっているのです。南北線が乗り入れている東急目黒線などや一部同様に乗り入れしている都営三田線などの駅も、南北線ほどの壁ではありませんが、ホームと列車との間に低い壁とドアが付いていて、安全性を高めています。

地下鉄ホームのその装置を見ていつも思うことは、JR中央線のホームにもその装置をつけてほしいということです。中央線のダイヤは結構乱れています。全線ストップということはめったにありませんが、人身事故でダイヤが乱れることはしょっちゅうです。

ぎりぎりのスケジュールで新幹線に乗るために麴町のオフィスを出て、中央線に乗ろうとしたときに、「○○駅で起きた人身事故のために、中央線はダイヤが大幅に乱れご迷惑をおかけしています」というアナウンスを聞くと、ドキッとするし大慌てして、時間があれば総武線各駅停車で行くか、時間がないときには運を天に任せてタクシーに乗ります。

あれだけの路線距離を維持している新幹線では、台風や大雨、地震などの自然災害などがない限りほとんど正確に運行していますが、中央線ではそれが難しいというのはなぜでしょう。「人身事故」が多いのなら、早急にその対策を打つべきです。利益競争も大切かもしれませんが、それがJR西日本の福知山線の大事故につながりました。このままでは中央線や他の通勤電車でも大事故が起こらないか心配です。

地下鉄南北線ホームにある転落防止の壁

リニアモーターカーなどのハイテク高速鉄道を開発することも必要でしょうが、安全かつ正確に列車を運行するという最も基本的なことを乗客が最も望んでいることを、JRとしては知り、そういう経営をしてほしいと思います。それこそがお客さま第一です。

私が「エクスプレスカード」に踏み切れなかった理由

2003年当時、東海道新幹線の駅では、JR東海の人たちが熱心に「エクスプレスカード」を勧誘していました。エクスプレスカードを持てば、東海道新幹線の予約をインターネットや携帯電話からできるというものです（それを「エクスプレス予約」といいます）。また、予約変更も携帯から簡単にできます。

予約した券は、JR東海の駅で、発券機にエクスプレスカードを入れれば発券される仕組みになっています。私のように、頻繁に新幹線、それもその大半が東海道新幹線に乗る者としては便利この上もないものです。特に、会議の時間が延びたり短くなるときには、自分の手元で予約変更できたらどれだけ便利かと思います。

しかし、私はエクスプレスカードを数年前まで持っていませんでした。その理由は、ひとつはJR東海の駅でしか発券されなかったからです。私の場合、旅の出発点はほとんどの場合が東京です。それもオフィスのある麴町か自宅の世田谷です。ＪＲの駅はＪＲ東日本の駅だから発券できません。

例えば、麴町最寄りの四ツ谷駅からスタートする場合には、四ツ谷でまず改札を通るために乗車券が必要になりますが、エクスプレス予約をした場合には、ＪＲ東海の駅（つまり、東京駅、あるいは品川駅の東海道新幹線の駅）でなければ乗車券を受け取れません。別途東京駅までの乗車券を買わなければなりません。

従来からの新幹線の切符なら、四ツ谷駅から乗れる乗車券（「東京都区内」から有効）が付いていますから、四ツ谷駅からそのまま乗れました。四ツ谷駅から東京駅までの乗車券代はＪＲ東海の東京駅で戻してくれるのですが、そんな面倒なことをわざわざしている時間的、精神的な余裕は私にはありませんでした。

また、四ツ谷駅の自動券売機で東京駅までの切符を買うなどという面倒なことはしたくないから、２００３年当時はイオカード（今はＳｕｉｃａになっています）を使いたくなりますが、そうすると、また、その精算をどこかでやらなくてはならなくなり、それもまた面倒でした。

一番多く出張する地域は、大阪と名古屋ですが、名古屋地区の場合はＪＲ東海だからどこの駅でもエクスプレスカードを使えてよいでしょうが、大阪地区の場合も同じ問題が起こりました。乗車券だけ、東京都区内―大阪市内というように買えばよいかもしれませんが、どうせそれも都内のJR駅の自動券売機では買えないから「みどりの窓口」で買うということになります。そうであれば、同時に特急券を買うのも手間は一緒ですから、エクスプレスカードを持つメリットがあまりなかったのです。

しかし、この問題は数年前に解消されました。SuicaでJR東日本の駅に入場しても、券売機で自動精算ができるようになりました。また、SuicaをJR東海やJR西日本の在来線の駅でも使えるようになり便利になりました。ただし、地下鉄や私鉄は使えないので、私は、関西の私鉄用に「スルッとKANSAI」のカード（以前のパスネットのようなもの）を常に持っています。

エクスプレスカードを使うようになり私の秘書は格段に助かりました。年に数十回は行っていた四ツ谷駅に切符を買いに行かなくて済むようになったからです。今では、飛行機の予約もすべてチケットレスでインターネットから行っています。どんどん便利になりますね。

望みたい携帯電話の利用

おそらくJRでも考えていると思いますが、携帯電話などを利用して乗車券や特急券の代わりをさせることができると便利だと思います。携帯電話でなくとも、Ｓｕｉｃａのようなカードを使って、新幹線の自動改札を通ることはできないかと思います。

つまり、パソコンや携帯からインターネット経由で、チケットを購入します。決済はクレジットカードなどで精算します。そして、自分を認識するＩＤの入った、携帯やカードを自動改札機にかざすことにより乗車券の確認を行うものです。

特急券は、自動改札、あるいは、乗ろうとする列車の入り口に読み取り端末を付けて、正しい列車に乗っているかどうかのチェックを行う仕組みを作れば、乗車券、特急券が要らなくなります。高速道路のＥＴＣのようなものです。先に述べたエクスプレス予約の乗車券の問題も解決するのではないでしょうか。素人考えですが、乗客の利便性は一気に向上するでしょう。

と、これも２００３年に書いたものですが、現在では、ＩＣカードだけで発券することなく乗車が可能です。飛行機では携帯をかざすことで搭乗が可能となっています。在来線のグリーン車も、Ｓｕｉｃａをかざすことで乗車できる仕組みになっています。こちらも技術進歩は速いですね。

今、素人考えと述べましたが、素人の考えに立って発想することが重要なことが多いと、経営コンサルタントをしていて思うことが少なくありません。その道のプロとしての見識や知恵ももちろん大切ですが、プロはプロゆえに間違うことも少なくないのです。これまでの常識や、技術の限界を知っているから、どうしてもそれにとらわれて結論を出してしまいます。「こんなモノがあればいいな」という素人考えが発想の原点になったほうがよい場合も少なくありません。

シミュレーターとジャンボジェット機のコックピット

ある私鉄で運転士さんの訓練を行うためのシミュレーターを見せたもらったことがあります。コンピュータ制御で画面に実際と同じ沿線風景が出て、運転士さんの操作情況にしたがって画面が動くものです。もちろん、私はそれに直接触ってはいませんが、運転士さんが訓練をしているのを後ろから見せてもらったのです。

いろんなことに驚きましたが、まず、そのシミュレーターでは沿線の風景が実際のその私鉄の沿線風景をグラフィック化したものになっているのです。駅もまったく同じで、実際の沿線を走っているのと同じ風景を運転士さんは見ながら訓練を行うのです。そして、雨や雪になるとそれらが実際に降っているように景色が変わるとともに、ブレーキを掛けると雨量などに合わせて普段よりもブレーキの掛かりが悪くなるように設定されています。

さらに、線路が実際に傾いているところでは運転席のあるシミュレーターも傾くようになっています。また、突然崖崩れが起こるなどの状況を設定することもできます。電車が流れ出た土に乗り上げ急停車する状況もあります。そのような場合に運転士さんが落ちついてマニュアルどおりに対応するための訓練を行うことができるのです。

コンピュータやCG（コンピュータ・グラフィックス）技術の発展により、従来は実体験することが難しかったようなことも訓練で行うことができるのです。

余談ですが、シミュレーターを見せてもらったときに、私が「電車でゴーですね」と担当者に申し上げたら、すかさず、「いえ、これは本物です」と言われましたが、パソコンのゲームと比べてはいけなかったと反省しています。

今では不可能だと思いますが、15年ほど前、国際線のジャンボジェットのコックピットに入れてもらったことがありました。現在ではハイジャック防止の観点からとてもそんなことは許されないでしょうが、ラッキーでした。

ジャンボ機のコックピットは想像していたものとまったく違い、計器類はまったくといってよいほどありませんでした。多分その当時最新鋭だった747―400だったと思いますが、計器類の代わりにパイロットの前にあるのはコンピュータのモニター画面で、そこにコンピュータから送られた必要なデータが現れるというものでした。さらに運行状況などが随時紙でも取り出せるようになっていました。

夜にコックピット内を見せてもらったので、暗闇の中を飛行機は飛んでいましたが、パイロットはほとんど何もせず「自動操縦」の状況でした。ジャンボジェットに搭載されたコンピュータが自分の位置やエンジンの状況を判断して運行しているということでした。

飛行機の客室内でも、それぞれの乗客が好きな映画などを見ることができるパーソナルテレビが備え付けられている機種が増えましたし（今ではそれもオンディマンドで好きな番組を選べる）、パソコンの電源も個別の座席で取れるものもあります。

最新の777（トリプルセブン）では、機内の温度の調節やオーディオの操作にスチュワーデスが壁に埋め込まれたモニター画面をタッチ式で操作しているのが見えますが、飛行機もコンピュータ制御のハイテク機器です。離陸や着陸時に、「電子機器のご使用はお控えください」とのアナウンスが行われますが、これも、パソコンなどを使うと、計器類に異常が起こる可能性があるからということです。私は、飛行機に乗るときには、もちろんいつも携帯電話の電源は切りますが、着陸したら、使ってもよいのではないかという気がしています（海外の航空会社では使わせているところもあります。もちろん、マナーに配慮は必要ですが……）。

余談ですが、ＡＮＡに乗ると、飛行機が空港に着陸したときに、携帯電話は飛行機を降りるまでは使わないでほしいというアナウンスが入ります。英語でもそれを言っていますが、飛行機を降りるまでという表現を「until after you leave the aircraft」と言っている客室乗務員がいますが、「until after」という表現はおかしいのではないかと思っていました。

そう言えば、以前乗ったＡＮＡで、着陸後に「前方ドアからお降りください」との日本語のアナウンスの後に、「Please, use the door in front of the plane.」と客室乗務員が言っていましたが、ちょっと恐い気がしました。ただし、私は英語のネイティブスピーカーではないので、私のほうが間違っていたらごめんなさい（最近は、「until after」はなくなり「after you leave the aircraft」になっています。慣用的には「until after」はあるようです）。

飛行機に関していえば、乗客から見えないところでは、さまざまなハイテクのフィルターが使われているそうです。以前、アメリカのフィルター製造会社に行ったときに受けた説明では、飛行機内に約200種類のフィルターが使われているということでした。主なものは、油圧系統でオイルを濾過するものや、燃料用のフィルターなどがあります。

さらに客室内では、カゼをひいた乗客のウイルスが密室の機内で蔓延しないように機内の空気を濾過するようなフィルターまで装着されているということです。新型インフルエンザではこれは重要ですね。

余談ですが、その会社を訪ねたときに、アメリカから帰りの飛行機（ジャンボジェット）で、お湯を出すためのフィルターに異常があって、JFK空港（ニューヨーク）からの出発が3時間以上遅れたのは、やはり何かのご縁だったのでしょうか。

加速する車のハイテク化

車のハイテク化も進んでいます。2003年、ホンダの新しい『インスパイア』に乗りましたが、高速道路では、前の車を自動的に追尾運転します。これまであったオートクルーズ機能を進化させたもので、従来のオートクルーズでは、高速道路運転時などには、設定した速度を自動的に維持するだけでしたが、新インスパイアでは、車の前面からミリ波と呼ばれる電波を出し、それで前の車との距離や速度をコンピュータが計算し、自動的に一定の車間距離を保つようになっているのです。

自分で設定した速度までは、前走車が速度を上げれば自動的に速度を上げるし、速度を落とせば自分の車も速度を落として一定の車間を保つようになっています。

さらに、車のルームミラーのところに取り付けられたCCDカメラが車線を捉えていて、車が車線の中を維持するようにハンドルを自動的に操作する機能も付いています。ですから、先ほどの自動追尾装置と車線維持機能の両方を使えば、高速道路ではほとんど自動で運転することができます。念のために言っておきますが、ハンドルから手を離すと、警告音が出るようになっています。また、緊急時などでは当然自分で対応しなければならないですから、まったく自動運転というわけではありません。

自動追尾装置や車線維持機能は一定の速度以上でないと働かないので、高速道路用ですが、一般道でも働く機能として、前走車との距離を測定して、追突防止の警告や、あまりに距離が近づいたときには、車が自動的にブレーキを掛けるとともに、シートベルトを引き込むなどの機能も装備しています。

さらに、6気筒エンジンも出力をあまり必要としないときには3気筒となり、燃費の向上を図っています。3気筒になるとエンジン音が高くなり車内がやかましくなりますが、それを打ち消すために、マイクロフォンで車内の音を拾い、エンジン音と逆の位相(音の波)を出す消音装置も取り付けられています。本当に至れり尽くせりの超ハイテクですね。

別にホンダの宣伝をしているわけではありませんが、最高級車ではない『インスパイア』にこれだけのハイテク技術が駆使されているのには驚くばかりです(2003年当時でここで、お話ししたようでしたから、今ではもっとすごいことになっているのだと思います)。

車だけではなく、カーナビゲーションの進化もすごいですね。大きな交差点に入るたびに右折レーンや直進レーンの表示が出るのは当たり前で、最近乗った友人の車についたカーナビでは、音声認識装置がついている上に、ホテルの駐車場の中の区割りまで画面に表示されたのには驚きました。

高速道路の休日1000円という料金制度が景気対策でできて、ETC搭載車も急速に増加しています。電気自動車や燃料電池車など、今後ますます車もハイテク化していくことでしょう。

インターネットの路線検索

話を鉄道に戻しましょう。「Ｙａｈｏｏ！」などのホームページや携帯で路線案内の検索をすると、一番早いルートや一番安いルートなどを検索してくれますね。以前は時刻表などを駆使して最適ルートを苦労して捜していましたが（そして、それが必ずしも最適かも分からなかったのですが）、今ではネットで瞬時に最適ルートを捜すことができます。

私は移動が多いので、私の秘書はルート捜し、切符手配などで結構大変ですが、インターネットのおかげで大助かりです。航空機の空席情報も分かりますし、ホテルの予約もかなりインターネットで行っているようです。

微妙な時間の乗り換えも容易に調べることができますし、間違いが少ないので助かります。在来線、新幹線、私鉄線もすべて検索できます。冒頭で触れた掛川で夕方の５時半から講演した日も、３時ちょうどまで東京の信濃町駅から徒歩５分のところで講演していました。

講演後、信濃町から総武線各駅停車でひと駅の四ツ谷駅まで行き、そこで中央快速線に乗り換えて東京駅まで行き、余裕で3時37分のこだまに乗り換えて、講演開始数分前に掛川駅前のホテルに着きましたが、このような微妙な移動の検索もインターネットはお手のものです（本当にすごい。ただし、電車が正確に運行されていることが大前提ですね）。

情報の資本優位性の急低下

ここで、ちょっと経済というか社会の話をさせてください。インターネットの出現は、今では、私の秘書だけでなく多くの人の仕事をサポートしているのはご存知のとおりです。もっと言えば、私の会社のような小さな会社（9人でやっている）でも、インターネットの出現により、大企業並みのデータベースを操ることができるようになっています。交通情報だけでなく、為替や株価などの市場情報、ニュース、統計など、あらゆる情報に簡単にアクセスできます。

その結果、何が起こったかというと、情報の値段が格段に安くなったのです。情報の価値が下がったといってもよいでしょう。少し難しい言い方をすれば、「情報の資本優位性が急低下」したとも言えます。「資本優位性」とは平たく言えば「金持ちが勝つ」ということですが、従来なら大資本を持った企業や官庁などしか手に入らなかったような情報が、小さな企業でも個人でも容易に手に入るようになったのです（以前は、為替のデータベースなんてほとんどが持っていませんでしたよね）。もちろん、情報発信もネット上なら非常に安価で、情報の中身さえよければ数百万人といわず、世界中から数億人の人がそのサイトにアクセスしてくれます。

情報の価値が過去に比べて格段に下がっていることを意味していますが、逆に言えば、情報が氾濫する分だけ、その情報を有意義なものに解釈できる「知恵」の価値が上がっているということを意味しています。

情報獲得や発信に多くの費用がかかった時代には大資本を持った大企業などが有利でした。知恵が出るかどうかは確率的には人数が多いほうが有利ですが、実際に有意義な知恵が出るかは何万人もの人を雇っていようと、個人でひとりでやっていようとそれほど差がないような気がします。この時代、大企業、中小企業、個人にかかわらず、知恵をいかに出せるかが重要だということです。

さらに言えば、従来は知恵のある人でも、大企業に画一的な賃金で雇われていました。大資本でなければその知恵を活かすことができなかったからです。資本優位性が高く、資本が多くのことを解決していたからです（鉄道業や鉄鋼業などは、資本がないとできなかった資本優位の産業でした。今でももちろんそうですが、多くの業種で設備過剰になっています）。

しかし、これからの時代は、知恵が資本に優位することもしばしば起こるでしょう。そのような時代では、知恵を持った人の価値が格段に上がります。経営は知恵の部分が多いから経営者の価値が上がるのです。米国で90年代以降経営者の所得が大きく上昇したのは、もちろん、M&Aが活発化したこともあったでしょうが、知恵の優位性が高まったことと無縁ではないと私は考えています。

ハイテク大国日本

日本は世界に冠たるハイテク国です。列車、車は言うに及ばず家電製品や携帯電話、パソコンなど、日常生活はハイテクに囲まれています。山手線に乗っても新しい車両にはドアの上にふたつの液晶画面があり、ひとつは山手線の駅の情報などを提供し、もうひとつは企業の宣伝などが流れています。タクシーに乗っても、文字情報のニュースが流れている車があります。

最近ではモニター画面で短いプログラムを見られるタクシーもあります。通信インフラが整っているからですが、どこでもハイテクや情報があふれています。家電製品でも、冷蔵庫、洗濯機、炊飯器などのハイテク化はどんどん進んでいます。ウォシュレットなどあるのは日本だけではないでしょうか（最近では、中国でも富裕層には普及しはじめているそうです）。

日本人は気質的にハイテクが好きで、それを生み出す素地があるのだろうと私は思います。古来の鎧《よろい》や刀剣にしても、非常に高い技術や芸術性を持っています。からくり人形にしても、非常に高度な技術を有しています。

従来からそうした技術を基盤として保有してきた上に、細かいことまで気にかかる国民性がその技術を日常生活に応用させようとしてきたのでしょう。それに日本人の勤勉性が加わり、大田区や東大阪などの町工場の技術力ともあいまって、ハイテクの花が咲いたのだろうと思います。

それには、もちろん、日本人の平均的な教育レベルが高かったことがベースにあります。教育水準が低ければ、開発や製造での問題が生じるし、そのハイテク製品を使うにしてもその機能を理解できなければなかなか使えないからです（ただし、今の携帯電話やパソコンの機能がすべて必要で、かつ、それを十分に使える人はどれだけいるのかという疑問はあります。正直なところ、私は使いこなせていません）。

ハイテクの忘れ物

以前、休暇で家族でオーストラリアに行ったことがありました。ケアンズへ行ったのですが、そのときにケアンズとキュランダというところを結ぶキュランダ鉄道に乗りました。行きはスカイレールという、世界でも最大級の最新のロープウェイで行ったのですが、帰りは、蒸気機関車でゆっくりと戻ってきました。スカイレールもよかったですが、1時間半ほどの蒸気機関車ののんびりとした旅もよかったです。

そのときに思い出したのが、小学校3年生か4年生の夏に友だちと和歌山県の九度山に行ったときのことでした。もう40年ほど前のことですが、その頃、私は大阪府堺市に住んでいました。友人たちと希望者だけの学校の課外授業に行ったのです。ずいぶん前のことなので記憶がそれほど定かではありませんが、九度山というのは真田幸村《さなだゆきむら》が一時住んでいた場所で、そこは大きな川（多分、紀の川）の上流にあたり、川の下流、中流、上流でのそれぞれの石の形などの観察を1日がかりで行ったのだったと思います。

父兄も何人か付いて来ていて、現地解散になったときに、私の友人数人とそのうちのひとりの父親と私が一緒に九度山かその近くから帰ることになりました。そのときに、実は蒸気機関車に乗ったのです。その頃でも、もう蒸気機関車は珍しい存在になっており、わざわざ友人の父親が、「これに乗って帰ろう」といって乗せてくれたのを、キュランダ鉄道に乗って思い出しました。

それ以外に蒸気機関車に乗ったのは、アメリカのニューハンプシャーという小さな州に住んでいたときに、観光地のワシントン山の急な坂を登る蒸気機関車に乗りに行ったことがありました。ワシントン山のふもとのブレトン・ウッズは第二次大戦後の国際通貨基金（ＩＭＦ）などの体制を協議した場所として知られています。いわゆる「ブレトン・ウッズ体制」です。

ニューハンプシャーでその他に日本人に馴染みが深いのは、日露戦争終結時に小村寿太郎《こむらじゅたろう》外相がロシアと和平条約を締結したポーツマスでしょう。ポーツマスはニューハンプシャー州の大西洋岸にあります。新幹線もいいですが、蒸気機関車にもなんとなく旅情を感じます。

私は、ルーマニアのブカレストにあるスピル・ハレット大学の客員教授を２００２年から3年間ほど引きうけました（集中講義で、年に10日ほど行っていました）。2002年は初めてということもあって、いろいろなところを案内してもらいました。郊外に出ると、馬車が荷台に一杯の農作物を載せて道路をゆっくりと走っているのが結構見えました。

こちらは車で追い越すのですが、馬車のほうは車を意に介することもありません。おそらく、馬車は1000年以上の伝統があるのでしょうね。急ぐことも大切ですが、人間として、時に、のんびり過ごすことも大切だということを教えてくれているような気がします。現在はドッグイヤーとも言われますが、それをハイテクが後押ししています。むしろハイテクに押されるように、人間の生活スピードが急上昇したのかもしれません。

ハイテクとうまく共存しながらも、古来から守ってきた人間らしさや人間らしいペースというものを守っていかなければならないのだとつくづく思います。

余談になりますが、飛行機や新幹線のスピードに人間の身体ははたして順応しているのだろうかと疑問に思うことがあります。というのは、時速1000キロや数百キロというスピードを初めて体験したのは、私たちの父親の世代でしょう。若い頃から体験しているのは私たちの世代が初めてです。

そうなると、私の遺伝子の中には、そのようなスピードに対応する遺伝情報が入っていないのです。私の子どもたちやその子たち（つまり、私の孫の世代）には遺伝情報として伝わっていくでしょうが、高速移動すると疲れるのは、自分の遺伝子が十分に対応しきれていないということがあるのではないかと想像しています。

こんなことを心配しているのは私だけでしょうか。

「桐一葉落ちて天下の秋を知る」

私は「桐一葉落ちて天下の秋を知る」という言葉が好きです。桐の葉一枚落ちたのを見て、世の中に秋が来たことを感じ取り、そして、次に来る冬の支度を始めようという意味だと思いますが、ちょっとした環境変化を読みとってそれに対応していくことが企業経営や人生を送る上で重要です。

このことも、つまりは、「見よう」と思うことから始まると思います。桐の葉一枚が落ちたのを、「客観的に」見て、それを「主観的に」解釈すること、それが「見よう」とすることではないでしょうか。

いろいろな現象が目の前を通り過ぎていきますが、ちょっとしたことにも「気づく」ということが企業経営やビジネスに役立つだけでなく、自分の人生や周りにいる人を幸せにすることも少なくないのではないかと思います。

第七章——

新幹線のサービスから見えること

2010年12月の東北新幹線八戸－新青森間開業後に導入される新型車両「E5系」

自動改札機で感じる不満

ＪＲには仕事上大変お世話になっており、ＪＲ、特に新幹線なしでは私の仕事は成り立ちませんので（このときも、新幹線で名古屋から移動してきた静岡でこの原稿を書いています）、あまり不平を言いたくありませんが、この最後の章では、ＪＲのサービスで私なりに「おやっ」と思っていることをお話ししたいと思います。

私が頻繁に新幹線に乗ることは何度か書きましたが、東海道新幹線東京駅の自動改札を通るたびに私としては不満に思うことがあります。新幹線に乗る場合に切符が乗車券と特急券の２枚に分かれていることがしばしばありますが、その際に、以前は私は必ず特急券を上にして、乗車券を下にして入れていました。なぜそうするかというと、性格がせっかちだから、自動改札を抜けて最初に知りたい情報をすぐに見えるようにしたいからです。

自動改札を抜けて最初に知りたい情報は何かというと、自分が乗る列車の号数と座席番号です。例えば、「8号車8番A」といったものです。それらの情報は、特急券に書いてあります。そして、私がいつも不満に思うのは、どんな入れ方をしても、東海道新幹線では必ず乗車券が上になって（特急券が下になって）出てくることでした（東北新幹線では、入れたままに出てきました)。

そうすると、また、自分の手で、特急券を上に、乗車券を下にし直して座席番号を確認しなければなりません。もちろん、自動改札に入れる前に号車と座席番号を覚えればよいといえばそれまでですが、改札を通ってすぐにそれらが分かるようになっていれば乗客にとって便利です。

乗車券に書いてあるどこから乗ってどこまで行く、という情報は、ほとんどの人にとっては確認するまでもない情報です。それを知らない人はまずいないでしょう。どの列車に乗るかも、改札を通った時点ではまず知っています。改札を通った直後の乗客が知りたい情報は、ひとつは、自分が乗る列車が何番ホームから発車するかと、乗る列車の号車と座席番号でしょう。

新幹線に乗るときは大きな荷物を持っていることも多く、私はまだ力がありますから、荷物を持った手で乗車券と特急券をひっくり返すのはそれほど苦にはなりませんが、お年寄りなどには不親切だと思います。

私がここで言っていることは非常に些細なことかもしれませんが、その些細なことがサービスなのです。お客さま思考とはそのような細かいことができることをいうのです。その些細なことが他社との差別化につながりますが、独占に近いJRにそれを求める方が間違っているのでしょうか。

(2003年当時には、ここにあるような状態で、このように書きましたが、その後改札機が変わり、今では、2枚入れると上下が入れ替わって出てきます。特急券を下にして入れると、改札機から出るときには上になって出てきます。少しは「努力」が報われますが、必ず特急券が上になって出てきたほうが親切です。詳しくは、『ビジネスマンのための「発見力」養成講座』〈ディスカヴァー・トゥエンティワン〉をお読みください)

改札口での不満…その2

どこの駅とはあえて言いませんが、東海道新幹線の中部地方のN駅でのことでした。駅の改札を出ようとして、切符を入れたら、改札機に切符が詰まったのです。私は、切符を必ずカッターシャツの胸ポケットに入れる(決まったところに入れないと紛失する)ので、夏だったから湿って、自動改札機を通らなかったのでしょう。女性の駅員がやってきて、自動改札機のふたを開きながら言った最初の言葉に驚きました。「どこからの切符ですか」と訳の分からない質問をするのです。そんなことはどうでもよいことではないでしょうか。

こういう場合、最初の言葉は「申し訳ありません」であるはずです。切符が詰まるのは私のせいではなく、機械の質が低いからでしょう（ここで、一部の読者の方は、暑いのに胸ポケットへ入れておいて切符を湿らせた私のほうが悪い、と思われたかもしれませんが、それに関しては、もう少し後で私なりの反論をします）。

「どこからの切符か」と聞いた背景には、私が切符を持たずに改札を抜けようとしたと疑われたのではないかと思いました。こんなバカな質問に答えたくもありませんが、ムッとして「東京」と答えると、その女性の駅員は、詰まった切符を確かめながら詫びもせずに事務的に私を通しました。

「どういう社員教育をしているのか」とかなり頭にきて、そのままその駅に直結するJR東海系の高層ホテルで、その興奮さめやらぬ間に、ある企業のための結構聴衆が集まった講演会でその話をしたら大受けでした。

列車を降りてから、講演の開始時間までそれほどの余裕がなかったので、わざわざ列車到着の少し前から降車口まで移動し、他の人よりも先に一番で改札を出ようとしてのことだったので、特に頭にきましたが、なぜその駅員が「どこからの切符か」と聞いた意味が今でもよく分かりません（人を疑うように教育されているのでしょうか）。

思い出すだけでも今でも大変不快な気分になります（その駅で、最近同じように切符が詰まりましたが、そのときは男性駅員が飛んできて、まずひと言目が「すみません」だったので、やっと救われた気分になりました。社員教育の問題なのか、その女性駅員の資質の問題なのかは分かりませんが、資質の問題なら採用の誤りでしょう）。

切符が詰まって気分が悪い上に、「どこからの切符か」というような訳の分からない質問をされると、旧国鉄時代の独占企業の思考パターンを抜けきれていないのではないかと思いたくなります。

切符が詰まるのはだれのせい？

夏場などは、「切符を胸ポケットに入れないでほしい」と顧客に望むことは一見、リーズナブルのようですが、私はそうは思いません。私は、切符をなくさないように、移動中は新幹線や飛行機の切符はシャツの胸ポケット（ただし、ＪＡＬの券は大きいのでスーツの内ポケット）、在来線や地下鉄のような小さな切符はスーツの右ポケットの中と決めています。いろいろなところに入れると紛失する可能性が高いからです。胸ポケットに入れた切符を湿らせないように注意はしますが、それでも自動改札で詰まることが時々あります。

それを乗客のせいだと考えるのもひとつですが、私はそうは思いません。工夫が足りないのです。乗客の希望をすべて満たせと言っているのではありませんが、例えば、私がここで書いたN駅で詰まった切符は約1万円する切符です。一方、JRがその当時出していたIOカード（JR東日本のカード、「イオカード」と読む）、やパスネット（私鉄のカード）は高いものでも5000円、安いものだと1000円というものもありました（関西では今でも「スルッとKANSAI」のカードがあります。東海地方にも同様のカードがあります）。

それらのカードは改札を何度も通ることを想定して作られていますから、胸ポケットに長時間入れていても自動改札機で詰まるということはまずありません。1000円のカードでやれて、1万円の切符でやれないということはありえないはずです。さらに、新幹線の切符は、ほぼ100％駅で回収されるので、少々素材にコストをかけても再利用が可能です。詰まって乗客に不快感を持たせるのなら、もっと工夫の余地はあるはずですね。

飛行機の改札機械も問題あり

しかし、自動改札機で、不満に思っているのは実は新幹線だけではありません。飛行機に搭乗するときにも国内線だと自動改札機のような機械に通しますが、あの機械は必ずといってよいほど詰まります。ジャンボジェットや777（「トリプルセブン」と読む）だと500人くらいがその機械を通過しますが、必ずと言っていいほど数回は詰まって後ろの人が動けなくなります。

これだけハイテクの時代に、わざわざチケットを通す装置にしなくても、非接触式の読み取り装置を開発してもよいのではないでしょうか。JAL、ANAとも経営がしんどいのは分かりますが、いつもいつもチケットが詰まるのを見て、現場から声が上がらないのかと思いたくなります。それに、必ず人が機械のところにいるのですから、人がチケットを切ればよいでしょう。機械が客数や行き先を読み取っていると思いますが、わざわざ詰まる機械を使ってまでそこまでやる必要があるのでしょうか。乗客名簿は事前に分かっているはずだし、もし、搭乗に来ない客がいるのなら、それはその客の責任で来ないのですから、そのまま置き去りにしておけばよいではないでしょうか。

日本の空港で、航空会社の地上職員が、搭乗がほぼ終わっていてもまだ飛行機に乗っていない乗客を大声で捜しながら走り回っている風景によく出くわしますが、海外の飛行場ではまずそんなことはありません。搭乗時間になって搭乗しないのは乗客のせいであって、航空会社や、ましてやきちんと搭乗している乗客のせいではありません。こんなところでも、自己責任を追及しない日本の甘さがあるような気がしています。

（２００３年当時このように書きましたが、ＡＮＡはバーコードやＩＣチップを読み取る方式に変えました。財務的にしんどいＪＡＬは、いまだに詰まる自動改札機を使っています）

高齢者でなくても戸惑うことが

もうひとつ、いつも不満というより、もっとどうにかできるのではないかと思っていることを書くのを許してもらいたいと思います。それも東京駅の東海道新幹線の改札口のことですが、今度は入り口でなく出口のことです。私は、東海道新幹線で東京駅に戻ってくるときには、中央線や山手線に乗り継ぐことがほとんどです。家へ帰るときも新宿で小田急線に乗り換えますし、事務所に帰るときには有楽町経由で地下鉄で戻ります。タクシーに乗るときにも、丸の内側から乗るので、在来線の東京駅の構内を通ります。

東京駅で乗り換える際には、いずれにしてもJR乗り換え口で乗り換えるのですが、そこでは必ず、駅員さんが「切符が1枚出ます」と大きな声で叫んでいます（2003年にも叫んでいましたし、2009年の今でも叫んでいます）。

取り忘れる人が多いからでしょう。駅員が取り忘れを見つけたときには、その人にその切符を渡しています。親切で良いことだとは思いますが、もっとシステムを改善できないのでしょうか。また、2枚に分かれた切符も両方を入れないと通過できないようになっていますが、特急券か乗車券を1枚だけ入れて、自動改札を通れず困っている人を見かけることも少なくありません。

出口で同じことを叫びつづける駅員さんも大変だと思います。乗車券を取らないとゲートが開かないなどして取り忘れを機械的になくすような工夫はできないものかと、出口を通ると思っているのはコンサルタントの性でしょうか。

かくいう私も、先日東京駅で、乗車券を取り忘れました。自分ではそんなドジをしない人間だと思っていましたし、年に何十回もそこを通って、切符を取り忘れたことなどこれまで一度もありませんでした。しかし、オフィスに戻るために四ツ谷駅で切符を出そうとシャツの胸ポケットを捜しましたが、切符（東京都区内までの乗車券）がありません。当然スーツの右ポケット、左ポケットの順で捜したが見当たらないのです。東京駅で取り忘れたとしか考えられません。事情を四ツ谷駅の改札の駅員さんに話したら、わずかな料金を支払って改札を出してくれたので助かりました。

最近（２００３年当時も今も）、自分でドジだと思うことがよくあります。切符だけでなく、自動改札機で定期券を取り忘れたこともあります（今は、Ｓｕｉｃａなので取り忘れはありません）。四ツ谷駅でのことです。朝、自動改札を通過したときに取り忘れたようで、帰りに駅で定期券を自動改札機に入れようとするとないのです。駅で預かってくれていたので助かりましたが、考え事をしていると、いろんなことを忘れてしまいます。以前、やはり電車に乗って考え事をしていて、網棚に乗せたかばんを電車に忘れたこともありました。つくづく、自分はドジだと思うことがあります。

定期券の取り忘れをなくすという意味では、Ｓｕｉｃａは有効です。定期券入れから出さなくてすむからです。しかし、私の場合、小田急とＪＲの連絡定期券なので、Ｓｕｉｃａが対応していませんでした。だから、私の場合、当分、取り忘れリスクがあるので、駅の改札を通るときには考え事をしないようにしなければならないですが、性格的に難しいでしょう（２００３年当時の話で、今はＳｕｉｃａが対応しています。だから、というわけではありませんが、考え事をよくしています）。

サービスに対する要求水準の向上

一部の読者の方は、私はなんと細かいことに不満を持っていると思われるかもしれませんね。確かに細かいことを言っているかもしれませんが、今の時代、その細かいことに気がつかないようではお客さまが離れてしまうものです。昔ならそれで許されていたような対応を許すことができない人たちが増加しているのです。なぜなら、いろいろな場所でサービスが向上し、それに慣れた人が増えているからです。

東京ディズニーランド（今は、東京ディズニーシーも含めて、東京ディズニーリゾート）が登場する前には、近場の遊園地でも結構満足できていた人たちが、ひとたびディズニーランドのアトラクションやサービスに触れたら、これまで行っていた遊園地にはそっぽを向くようになりました。

私がディズニーランドに初めて行ったときに一番感心したのは、手の込んだアトラクション（乗り物）もそうでしたが、アトラクションに乗りこむときに一緒に行った人たちの人数を確認し、その人たちが離れ離れにならないようにするのと、二人なら二人用に席を必ず確保してくれるといった気配りでした。それまでの日本の遊園地では、混んでいるときには、とにかく目一杯乗せることしか考えていなかったのとは少し違いました。

園内の清掃が行き届いているのにも感心しました。実は、私が最初にディズニーランドへ行ったのは、カリフォルニアのアナハイムにあるディズニーランドです。大学3年生のとき（1979年）にサンディエゴのホストファミリーの家に一月ほどホームステイしていたときに行ったのです。84年からの留学中にも、アナハイムのディズニーランドとフロリダ州オーランドにあるディズニーワールドへ行きました。東京ディズニーランドやディズニーシーにももちろん何度も行っていますが、行くたびに、サービス内容の高さに感心します。（ただし、私は、ジェットコースターは大の苦手で、ディズニーランドへ行っても家族で私だけは乗りません）。

好きなもので、ディズニーランドの話が少し長くなりましたが、新幹線に乗る乗客は、ディズニーランドのサービスも知っているし、ひょっとしたら、前の日に大阪で評判の高いリッツ・カールトンに宿泊していたかもしれません。あるいは、非常にサービスの良いレストランで食事をしたその足で新幹線に乗っているかもしれません。

いずれにしても、良いサービスに慣れている人が多くなった中、従来のサービスレベルやり方では満足できない顧客層が増えていることは間違いがありません。太平洋戦争直後なら、買出しの列車に鈴なりになって乗っても、それに文句をいう人は少なかったでしょう。しかし、日本は豊かになりました。また、非常に細かいことに気を使うのが日本人の特徴で、ちょっとしたことにもうるさいのは、私だけではありません。

先にも説明したようにQ、P、S（Quality：品質、Price：価格、Service：サービス）の3つを総合して人は商品や会社を選ぶと言われていますが、ますますSの比重が高まっているのです。

余談になりますが、私は結構JR系のホテルに泊まります。名古屋、長野、仙台、京都、広島などで宿泊するときは、顧客がホテルの手配をしてくれる場合を除いて（つまり、自分で選ぶ場合には）、アソシア（JR東海）、メトロポリタン（JR東日本）、グランヴィア（JR西日本）といったJR系のホテルに泊まることが少なくありません。値段の割に部屋やサービスが良いからです。また、駅に直結しているところがほとんどで、非常に便利です。

地方で、日帰りで講演を頼まれることも結構多いのですが（昨日も日帰りで仙台でした。きょうは日帰りで箱根なので、この原稿を小田急ロマンスカーの中で書いています）、駅ビルのホテルでの講演会は帰りが楽です。先日も山形で夜の7時半近くまで講演して、講演会場が駅ビルのホテル（確か、ＪＲ系）だったので、山形新幹線で東京に戻り、日付が変わらないうちに自宅で眠ることができました（そう言えば、そのとき、山形駅で新幹線に乗る前に買った、こんにゃくの煮物は美味しかったです）。

ガラガラの「こだま」グリーン車の席順

サービスの話を続けましょう。私は、２ヵ月に1度、顧問先企業がある富士市に行きます。たいてい、13時13分東京駅発（２００３年当時、今は13時23分発）のこだまに乗ります。その時間帯のこだまのグリーン車は、たいていがらがらです。ひと車両に数人から多くても10人程度が乗っているだけです。

私はそのわずかしか乗っていないときの、席の配列に不満があります。たいていの場合、数人しか乗っていなくてもその席は1ヶ所に固まっているのです。先日も、５人程度しか東京駅からは乗っていなかったのですが、５人とも同じ側の席で、前から順に乗っているのです。例えば、「３Ｄ」、「４Ｄ」、「５Ｄ」…といったようにです。

私は、新幹線の中で原稿を書くためにパソコンを打つので、前後の乗客に迷惑がかかる可能性があります。迷惑がかからないように注意してキーを打っていますが、こちらが気づかなくても、パソコンのキーボードを打つ音が気にかかる人も多いと思います。自分でも他人のパソコンの音をうるさいと感じることがあるからです。

だから、私は、離れた席に座りたいのですが、与えられた席に座っていないと、性格的に落ち着きません。特にこだまの場合、新富士駅までに、新横浜、小田原、熱海、三島と順に止まっていくので、そこで乗客が乗ってくるかもしれません（実際にはそれほど乗ってきませんが…。ただし、熱海はときどきドッと乗ってくることがあります）。だから、与えられた席に座るのですが、そうすると、今述べたように数人でも、固まって座っていることが多いのです。

いつもそうだから、システムがそういうふうになっているのでしょう。先ほどの自動改札機もそうですが、お客さまのためという発想が少ないように思います。確かに固まって座っていると、車掌さんが検札するのは便利ですが、車掌さんはどちらにしても、車両を前から後ろまで行かなくてはならないので、乗客をばらばらに座らせてもそれほど手間は変わらないと思います。少ない乗客のときこそ、ばらばらに座ってもらって、「大名気分」を味わわせてあげれば、乗客の満足度も高まるのではないでしょうか。

ただし、これには、セキュリティー上の配慮があるという反論があるかもしれませんね。女性や老人などがぽつんとひとりで座っていると、犯罪に巻き込まれる可能性があるかもしれないということです。それでも1席ずつ空けることぐらいはできると思います。

検札をやめた東北新幹線

JR東日本系の新幹線では検札がこなくなってもうずいぶん経ちます。小田急や近鉄など私鉄の特急電車ではそれよりかなり前から車掌による検札がなくなっていました。車掌さんがハンディー端末で売れている座席を確認することができ、売れていない座席に座った人だけ切符を確認するシステムに変えたからです。これは眠っているなどで、座ったら邪魔をされたくない人には評判が良いシステムです。

残念ながら、JR東海の東海道新幹線では、いまだに検札がやってきます。新幹線の中では、原稿を書く、本を読む、あるいは、眠るのが私の行動パターンのほとんどで、特に、「眠りモード」に入ったときや、すぐに眠りたいときになかなか検札が来ないのは結構迷惑なことです。

JR北海道の、千歳空港と札幌などを結ぶ快速エアポートには座席の前に切符を入れておく小さなポケットが付いています。眠りたいときなどにはそこに切符を入れておくと、車掌さんが勝手に切符の検札を済ませてくれるのです（ただし、これには、切符の取り忘れのリスクがあります。札幌などで改札を出ようと思って切符がないことに気づいても、列車はすでに発車しています）。

東海道新幹線のグリーン車だと、パーサーがおしぼりを持ってきて、また、その後検札で、２度邪魔されます（ただし、おしぼりは欲しい。特に暑いとき）。検札は省略するシステムを早く導入してほしいものです（途中駅から乗車すると、おしぼりは忘れるが、検札だけは忘れないという最悪パターンにあうこともあります。今、この原稿を書いている静岡から東京に向かうひかりはその最悪パターンでした）。

余談になりますが、東北新幹線などの検札が省略される以前から、私はそれをずっと願っていました。なぜなら、飛行機に乗って、検札されたことがなかったので、新幹線でもそうあってほしいとずっと思っていたからです。

長いアナウンス、楽しいアナウンス

東北新幹線などでは検札がなくなって良いことだと書きましたが、新幹線、特に、東北新幹線のアナウンスは長いと感じることが多いです。東京駅発の列車だと、上野に止まる列車の場合、東京駅を出てすぐのアナウンスは短いのです。数分で上野駅に着いてしまうからです。

しかし、上野を出てからのアナウンスが長いのです。まず、テープで日本語のアナウンスがあります。ほとんど同じ内容を次に英語でやります。ここまでは、許せるのですが、さらに、車掌がアナウンスをはじめるのです。これも、到着時刻など、新たな情報だけならよいのですが、それ以外の情報は、先のふたつのアナウンスと同じことを繰り返します。ひどいときだと、赤羽あたりまでアナウンスしています（といっても、東京以外にお住まいの方には赤羽がどの辺りかは分からないと思いますが……）。

さらに、車内販売のアナウンスがあるのですが、これが東海道新幹線に比べて長いのです。東京名物などのお土産の紹介をします。それも3種類ぐらいやった上に、アイスクリームの宣伝まですることがあります。

東北新幹線は列車によっては、結構ちょくちょく停車します。それは、仕方のないことなのですが、眠りたいときなどは、私は、上野—大宮間の20分くらいの時間がもっとも長いくらいで一番眠れると期待して列車に乗るのですが、アナウンスが長くてうんざりすることがあります。

東海道新幹線のアナウンスでも気になることがあります。アナウンスの長さではないのですが、車掌が「本日の運転士は○○、車掌は△△、××、☆☆が途中新大阪まで乗車します」と、アナウンスします。私は、それは良いことだと思うのです。しかし、「グリーン車にはパーサーが乗務し、切符の拝見などを行っております」というのに、そのパーサーの名前の紹介はありません。

同じ乗務員として乗務しているのだから、名前を紹介してもよいのではないでしょうか。聞いたところによると、パーサーは別会社（子会社？）の所属だということですが、乗客から見れば、それは関係のないことです。さらに、パーサーは「切符の拝見」は行いますが、乗り越し精算などは結局、車掌が後から来て行います。権限の問題と聞いたことがありますが、このあたりも改善の余地があるでしょう。

逆に、アナウンスで感心したのは、ＪＲ西日本です。のぞみに乗っていると姫路駅あたりで、「運転席よりご連絡いたします。ただいま、当列車は時速３００キロで運行しております」と運転士さんからの連絡が入るのです。以前は、ドア上の電光表示だけだったのですが、これは、結構感動します。速さを再度体感することもできます。中には「オー」

と小さい歓声を上げている人もいます。あのあたりは昼間なら結構景色もよく、ちょっとしたサービスですが、乗客の満足度も高まるでしょう。

同様に、最近、小田急のロマンスカーに乗ったら、やはり運転士さんからのアナウンスがありました。これも結構よかったです（確か、箱根湯本に向かうのに、小田原を過ぎたあたりで、対向電車を待っていたときに、それ以降は、珍しい「三線軌道」だという説明を運転士さんがしていたと思います）。

飛行機に乗っていても、コックピットからの放送は、客室乗務員からの放送よりも臨場感があってよいと思います。大分前に米国でアメリカン航空の国内線に乗っていたら、機長から「右側にF14の編隊が飛行しています」というアナウンスがありました。右側に乗っていた乗客（私もそのひとり）の中には、その編隊を見て、歓声を上げながら、手を振っている人が少なからずいました。残念ながら、日本ではそのようなアナウンスを聞いたことはありません。

また、アメリカのどこの航空会社かは忘れましたが、15年くらい前、国内線で、管制塔と飛行機とのやりとりを機内放送のチャンネルを合わせると聞こえるというサービスをやっていました。今では、テロ対策でやっていないでしょうが、結構マニアックで、何を言っているのか分からないことも多かったのですが、面白かったです。これは（最近乗ったＡＮＡ熊本行きで、機長のアナウンスに感心したことがありました。ここで書くと長くなるので、メルマガで以前書きましたので、当社〈小宮コンサルタンツ〉のホームページhttp://www.komcon.co.jpからご覧ください。結構いい話ですよ）

お茶、おしぼり

先におしぼりのことに少し触れましたが、東海道新幹線のグリーン車に乗るとおしぼりが出ます。以前は布製のおしぼりでしたが、現在は不織布を使った使い捨てのおしぼりです。以前のおしぼりは少し臭いがすることがありましたが、今のは清潔で気持ちが良いです。ただ、暑いときなどは早く持ってきてくれればいいなと思うときがあります。パーサーも忙しいとは思いますが、新大阪で乗ると京都を過ぎてから、東京から乗ると品川を過ぎてからという場合があります。下手をすると新横浜を過ぎてということもありました。パーサーとしては、一度に配って手間を省きたいということがあるかもしれませんが、お客さま本位でやっていただきたいものです。

一方、東北新幹線では、以前はグリーン車ではおしぼりにお茶のサービスがありましたが、今はなくなりました。そう思っていたら、秋田新幹線のグリーン車ではお茶のサービスがありました。それも、欲しいものを何杯でもくれました。同じJR東日本の新幹線でもサービス内容が違うのもどうかなと思います。長野新幹線もお茶のサービスがなくなりました。何か理由があるのでしょうが、少し残念な気がします。

（私の記憶が正しければ、グリーン車のお茶とおしぼりのサービスは、東北新幹線開業20周年か何かを機になくなった気がします。普通はそういうのを機になくすなんてしませんよね。独占企業ならではのサービスです）

飛行機では、国内線のエコノミー席でもお茶が出ます。お腹がすいているときにはスープをもらえば空腹が少し和らぎます。プレミアム席ならご飯時にはお弁当などが出ます。食事時以外の時間帯だと、クッキーや和菓子などのお菓子類が出ることもあります。プレミアム席ではビールやワインが無料で飲めます。ですから、先にも書きましたが、国内線のプレミアム席は、席もゆったりめだし割安だと思います。

またまた余談で恐縮ですが、プレミアム席の食事はJAL（ファーストクラス）がANAよりずっと良くなったと私は思います。JALでは食器もちゃんとしたものが出て（ANAはお弁当）、コーヒーカップもワイングラスも本物です（ANAは紙かプラスチックのコップ）。ＪＡＬのファーストクラスは羽田―大阪間など路線が限られているのが残念です。ＪＡＬには少し席の良いＪシートが１０００円で設定されていますが、Ｊシートしかない路線が多く、残念に思います。

イオカードはなぜ大阪で使えないのか

前にも書きましたが、２００３年当時、イオカードというものがありました（今はありません）。ＪＲ東日本のプリペードカードです。イオカードを持っていると、その残高がある限り切符を買わずに乗り降りできました。小銭を持たなくてもよいから便利でした。今では、さらに便利なＳｕｉｃａ（「スイカ」と読む）が出ました。Ｓｕｉｃａは残高がなくなると自動券売機などで再チャージできます（クレジットカードと組み合わせれば、オートチャージもできます）。定期券がＳｕｉｃａになっているものもあります（私も使っています）。

２００３年当時、イオカードが、出張先の大阪や名古屋などでも使えると便利だと思っていました。ＪＲの会社が違うから難しいと考えるかもしれませんが、ＪＲ東海の新幹線の切符で、ＪＲ東日本の四ツ谷駅で入場し、ＪＲ西日本の大阪駅で出場することができるのだから、イオカードをJR西日本の改札で使うことくらいシステム的にできそうなものだと思っていましたが、難しいのだろうかと、当時は不満を持っていたものです。

また、関東地区の私鉄で共通に利用できるパスネット（これも今はなくなりPASMOになりました。こうして考えると、何度もいいますが、テクノロジーの進歩は速いですね）とJR東日本のイオカードとは互換性がありませんでした。だから、当時、私の定期券入れには、いつも必ずパスネットとイオカードが入っていたものです。両方で使えるカードがあれば乗客から見てより便利になるのに、難しいのだろうかと、これも不満を持っていました（ちなみに、パスネットは、東京ディズニーリゾートのモノレールでも利用できました）。

今、ディズニーリゾートのモノレールの話を書きましたが、浜松町から羽田空港を結ぶ東京モノレールでも不満に思っていたことがありました。それは、東京モノレールはJR東日本の傘下に入っていますが、その自動改札機では、Ｓｕｉｃａは使えるが、イオカードは使えなかったからです。

これも、カードが統一されたら便利になると思ったものですが、いろんな問題があったのでしょう。私がイオカードやパスネットにこだわっていたのは、会社（私の所属する小宮コンサルタンツ）との精算を行うのに、会社から支給されているカードを使えば精算の手間が省けるからでした。小銭を使うと、後で会社との間で精算する必要があり、事務処理が増えるからです。

しかし、今ではこういう問題の大半は解決されました。ＳｕｉｃａとＰＡＳＭＯというＩＣカードが共通で使えるようになったからです。また、ＪＲ東日本のＳｕｉｃａはＪＲ東海でもＪＲ西日本でも使えます。ただ、不満があるのは、関西や東海地方の地下鉄や私鉄とは共通で使えないので、関西へ行く用事が多い私が「スルッとＫＡＮＳＡＩ」カードをいつも持っているのは、先にお話ししたとおりです。

東海道新幹線と東北新幹線で違う清掃時間

東海道新幹線に乗るほうが、ＪＲ東日本の東北、長野などの新幹線に乗る頻度よりも格段に多いのですが、それでも年に10回以上はＪＲ東日本の新幹線にも乗ります。東京駅で、それらの新幹線を待っていて思うことは、清掃時間が極めて短いことです。入ってきた列車に清掃の担当の人たちが乗り込んで、５分足らずで終わらせてしまうのです。一方、東海道新幹線の場合は、だいたい10分くらいかけて清掃しています。

これには、元々の原因があります。東北、長野、上越新幹線では、東京駅に上り列車が入ってきてから、10分も経たないうちにその列車が下り列車として出発することが多いからです。これらの新幹線は大宮ですべて合流して、上野、東京に向かうため、線路の使用状況がほぼ満杯状態で、東京駅に長い時間各列車を留めておくことができないのでしょう。また、東北、長野、上越新幹線用の東京駅のホームは4線分しかない（東海道新幹線は6線分）ので、来たらすぐに出ていくという感じです。

短い時間に、上り列車の乗客を降ろし、車内清掃を行い、下り列車の乗客を乗せないといけないので、必然的に清掃時間が短くなるのでしょう。短い時間でも清掃は行き届いているといつも感心します。

一方、ＪＲ東海の東海道新幹線は、大体見ていると、10分くらい掛けて清掃しています。もっとかかる場合もあります。東京への上り列車が到着して発車するまで、20分くらいの余裕がある場合が多いので、ＪＲ東日本系の新幹線に比べて清掃時間が長いのです。

別に、これを非難しているわけではありませんが、寒いときや暑いときに、乗客は吹きさらしや蒸し暑いホームでじっと待っているのです。中にはお年寄りや、生まれたばかりの赤ちゃんを抱っこしたお母さんもいます。ホームに待合場所はあるにはありますが、自分が乗る場所から遠いときもあるし、行っても満席の場合も多い（待合場所に関しては、JR東日本系の新幹線も同じ）のです。それなら、清掃時間をもっと短縮して、乗客を早く乗せるようにしたほうがよいと思います。

JR東日本の清掃を請け負っている会社とJR東海のそれとは違うとは思いますが、他方ができて一方ができないということはないでしょう。お客さまサービス向上のためにも是非検討してほしいものです。移動時間の短縮も重要なことですが、乗客は、トータルの旅程すべてで満足感を持つかどうかを決めるのです。車内サービスがどれほど良くても、吹きさらしのホームで長く待たされることを望む人はいないでしょう。

東京駅のショップ化

ずっと不満を述べてきたので、最後にサービスが向上したことも書いておきましょう。ここ数年間で最も変わったのは、東京駅構内だと思います。東京駅構内に、いろいろな店が誕生しました。飲食店も増えたし、書店やネクタイショップなどもあります。

飲食店の中には回転寿司やビアレストランまであるのです。ユニクロの店もあります。また、地下にも、お弁当や総菜を売っているお店がたくさんあります。東京駅構内でも十分ショッピングができる感じです。上野駅や品川駅にも構内に多くの店があります。駅がショップ化しているのですね。

こんなことを国鉄時代にやったら、「民業圧迫」という批判を受けたでしょうが、民間企業のＪＲですから、そんな批判を受けるいわれもなくなりました。乗客の利便性ということを考えれば大変便利だと思います。

ＪＲよ、日本のサービスリーダーたれ！

先にも少し触れましたが、新幹線を利用する乗客のニーズはどんどん高くなり、また多様化していくことでしょう。もちろん、安全かつ正確にというニーズは変わりません。しかし、それにプラスして、快適さ、利便性といったニーズも今後もますます高まるでしょう。

一旦、新幹線でも他所でも良いサービスに慣れた人たちは、どこでもそのサービスを要求するようになるものです。そうして社会のサービスレベルが向上していくのですが、企業はそれに対応していかなければなりません。そうしなければ、「お客さまは黙って去っていく」の経営格言どおりに、知らないうちに売上が落ちるということにもなりかねません。

もちろん、JRは公共性の高い企業であり、そう簡単に客離れは起きないでしょう。しかし、そうであればこそ、顧客サービスのより一層の向上に努めてほしいと思っています。新幹線のヘビーユーザーである私からの心よりの期待とエールです。

本書作成にあたって、さまざまな方に御協力いただきました。この場を借りて、心よりお礼を申し上げたいと思います。

（参考文献）

「変わる東海道新幹線」①〜⑨、雑誌「ウェッジ」で連載
「鉄道ができること、環境にできること」、「ウェッジ」２００３年9月号
「JRを支えるエキスパートたち、ドクターイエロー」雑誌「ひととき」２００３年9月号
「品川に人どっと商機期待」日本経済新聞２００３年8月30日朝刊「首都圏経済」
その他、本文で引用したものについては、本文中に記載しました。

（本書は、二〇〇三年一〇月に実業之日本社から刊行された『新幹線から経済が見える』を著者が加筆、修正をしました）

一〇〇字書評

切り取り線

購買動機（新聞、雑誌名を記入するか、あるいは○をつけてください）

□（　　　　　　　　　　　　　　）の広告を見て
□（　　　　　　　　　　　　　　）の書評を見て
□ 知人のすすめで　　　□ タイトルに惹かれて
□ カバーがよかったから　　　□ 内容が面白そうだから
□ 好きな作家だから　　　□ 好きな分野の本だから

●最近、最も感銘を受けた作品名をお書きください

●あなたのお好きな作家名をお書きください

●その他、ご要望がありましたらお書きください

住所	〒				
氏名		職業		年齢	
新刊情報等のパソコンメール配信を 希望する・しない	Eメール	※携帯には配信できません			

あなたにお願い

この本の感想を、編集部までお寄せいただけたらありがたく存じます。今後の企画の参考にさせていただきます。Eメールでも結構です。

いただいた「一〇〇字書評」は、新聞・雑誌等に紹介させていただくことがあります。その場合はお礼として特製図書カードを差し上げます。

前ページの原稿用紙に書評をお書きの上、切り取り、左記までお送り下さい。宛先の住所は不要です。

なお、ご記入いただいたお名前、ご住所等は、書評紹介の事前了解、謝礼のお届けのためだけに利用し、そのほかの目的のために利用することはありません。

〒一〇一―八七〇一
祥伝社黄金文庫編集長　吉田浩行
☎〇三（三二六五）二〇八四
ohgon@shodensha.co.jp

祥伝社ホームページの「ブックレビュー」からも、書けるようになりました。
http://www.shodensha.co.jp/bookreview/

祥伝社黄金文庫

祥伝社黄金文庫　創刊のことば

「小さくとも輝く知性」――祥伝社黄金文庫はいつの時代にあっても、きらりと光る個性を主張していきます。

真に人間的な価値とは何か、を求めるノン・ブックシリーズの子どもとしてスタートした祥伝社文庫ノンフィクションは、創刊15年を機に、祥伝社黄金文庫として新たな出発をいたします。「豊かで深い知恵と勇気」「大いなる人生の楽しみ」を追求するのが新シリーズの目的です。小さい身なりでも堂々と前進していきます。

黄金文庫をご愛読いただき、ご意見ご希望を編集部までお寄せくださいますよう、お願いいたします。

平成12年(2000年)2月1日　　祥伝社黄金文庫　編集部

新版　新幹線《しんかんせん》から経済《けいざい》が見《み》える

平成21年7月30日　初版第1刷発行

著　者　小《こ》宮《みや》一《かず》慶《よし》
発行者　竹内和芳
発行所　祥《しよう》伝《でん》社《しや》
東京都千代田区神田神保町3-6-5
九段尚学ビル　〒101-8701
☎03(3265)2081(販売部)
☎03(3265)2084(編集部)
☎03(3265)3622(業務部)
印刷所　堀内印刷
製本所　ナショナル製本

ISBN978-4-396-31488-0　C0133

祥伝社のホームページ・http://www.shodensha.co.jp/